스물다섯,
지금 하지 않으면
반드시 후회하는
5가지 습관

스물다섯,
지금 하지 않으면
반드시 후회하는
5가지 습관

개정 1쇄 | 2011. 5. 23.
개정 2쇄 | 2011. 6. 15.

지은이 | 아타라시 마사미
옮긴이 | 이은희
펴낸곳 | 이너북
펴낸이 | 김청환

등록번호 | 제 313-2004-000100호
등록일자 | 2004. 4. 26.

서울시 마포구 염리동 8-42 이화빌딩 807호
전화 02-323-9477, 팩시밀리 02-323-2074

책임편집 | 이선이
이메일 | innerbook@naver.com

ⓒ 아타라시 마사미, 2011
ISBN 978-89-91486-56-0 13320
값은 표지에 있습니다. 잘못된 책은 바꿔 드립니다.

http://blog.naver.com/innerbook

이 책의 저작권은 저자에게 있습니다. 저자와 출판사의 허락 없이
내용의 일부를 인용하거나 발췌하는 것을 금합니다.

스물다섯,
지금 하지 않으면
반드시 후회하는
5가지 습관

아타라시 마사미 지음 ·이은희 옮김

이너북 **Biz**

미래는 습관에서 비롯된다

과거와 타인은 바꿀 수 없다. 그러나 미래와 자신은 바꿀 수 있다.

이 말은 내가 가장 좋아하는 말이며 나의 좌우명이라고 할 수도 있다. 이 말을 항상 염두에 둠으로써 나는 온갖 역경에도 불구하고 비즈니스 업계에서 성공할 수 있었다.

자신이 바뀌면 다른 사람을 움직일 수 있게 되므로 결과적으로 자신이 바라는 미래를 만들 수 있다. 그것이 바로 자아실현이다.

그렇다면 자신을 바꾸기 위해 어떤 노력을 해야 할까? 정답은 '좋은 습관을 들이는 것'이다.

사람은 자신이 생각한 대로 인생을 살게 마련이다. 좀더 엄격하게 말하면 생각하는 것만으로는 충분하지 않다. 생각을 했으면 실행을 해야 한다. 다시 말해 실천에 옮긴 것을 '습관화하는' 작업이 필요하다. 결국 사람은 자신의 습관대로 살게 되는 셈이다.

어떤 일을 20여 일간 계속하면 그것이 습관으로 정착한다고 한다. 긴 인생 중에 단 3주만 인내하고 집중해서 노력하면 성공한 삶을 살 수 있다.

매사에 작심삼일로 끝난다고 낙담하는 사람들은 대체로 생각나는 대로 무턱대고 행동하고 문제가 발생하면 쉽게 좌절하는 패턴을 반복한다. 3주의 벽을 깨려면 성공 이론과 행동의 사소한 노하우를 숙지해야 한다.

이 책은 여러분에게 성공 이론과 노하우를 제공하고 있다.

그런데 습관에는 '익숙해지다' 라는 의미가 내포되어 있다. 또한 '익숙해지다' 라는 말은 '친숙하다' 라는 말과 '친압(親狎)하다' 라는 말로 구분할 수 있다. 적극적이고, 긍정적이며 현상타파적인 행동이 '배워서 친숙해진다' 는 뜻이다. 그것이 바로 습관이다. 반대로 '친압하다' 라는 말은 현상을 당연하게 받아들여 무사 안일주의에 빠지는 것을 의미한다.

이 책의 목적은 좋은 습관을 들이는 동시에 자신을 조금씩 좀먹는 나쁜 습관을 발견해 그것을 타파하는 것이다. 좋은 습관을 기르면 자신을 질타하지 않아도 되므로 정신과 육체 모두 여력이 생긴다. 그것을 다시 좋은 습관을 들이는 데 사용하면 어떨까? 그렇게 하면 성공으로 가는 기초를 형성할 수 있다.

'먼저 외(隗)부터 시작하라(先始於隗)' 는 고사성어가 있다. 이 말의 출전은 이렇다. 중국 전국시대 때 연나라의 소왕(昭王)이 곽외(郭隗)라는 참모에게 인재 등용 방법을 물었다고 한다. 그러자 곽외는 "인재를 모으려면 먼저 저부터 고용하십시오. 저 같이 보잘 것 없는 자를 소중히 여기신다는 걸 알게 되면 저보다 뛰어난 인물들은 자신들을 더욱 귀하게 여길 거라 생각할 테니 천리 길도 마다 않고 찾아올 것입니다"라고 대답했다. 이 고사성어는 큰일이나 사업을 할 때는 먼저 가까이 있는 사람이나 자신부터 돌아보라는 의미로 사용된다.

가장 먼저 변하는 것은 바로 자신이다. 성공이나 행운은 자신이 변한 다음에 찾아온다.

습관을 들이면 자신을 세울 수 있다. 그리고 자신을 세우면 성공할 수 있다.

이 말을 명심하고서 이 책의 첫 장을 펼치기 바란다.

아타라시 마사미

차례

이기는 습관을 들여라

습관 3 장점과 친해져라

기본을 연마하라

항상 즐거운 마음으로 살아라

좋은 습관이 성공을 부른다

- 자신만의 좋은 습관을 들여라
- 구체적인 목표를 세워라
- 나쁜 습관을 근절시켜라
- 긍정적으로 사고하는 습관을 길러라
- 시간을 효과적으로 활용하라
- 목표를 세분화해 차례차례 해결하라

— 왜 습관을 길러야 하나 —

'문화는 습관의 집합체다(Culture is the sum of habits)'라는 말이 있다. 다시 말해 문화는 개성이다. 비즈니스 업계에서는 이 개성이 고유한 능력으로 표출된다. 그리고 개성이나 인격은 개개의 습관이 축적되어서 형성된다.

비즈니스 업계에서 일상적으로 이루어지는 인사하는 방법, 업무에 임하는 태도, 시간과 약속을 준수하는 자세 등 각각의 습관은 그다지 눈에 띄지 않는다. 그러나 그것이 결집되어 개성으로 인지되면 자아실현을 위한 결정적인 요인으로 작용한다. 대부분의 사람들은 불성실한 사람보다 성실한 사람을 좋아하고, 무능력한 부하 직원보다는 유능한 부하 직원을 키우려고 한다.

그렇다고 해서 능력의 좋고 나쁨이 1시간이나 반나절 만에 인생을 바꿔놓는 요인이 되는 것은 아니다. 그것은 반년, 1년 혹은 5년 등으로 시간의 단위가 늘어날 때마다 더는 손이 미치지 못할 정도로 큰 차이를 드러낸다.

다시 말해 작은 차이라도 그것이 쌓여서 개성으로 자리 잡으면, 그 사람을 화려한 성공자로도 또는 불만투성이의 인생 낙오자로도 만들 수 있다는 말이다. 요컨대 습관의 차이가 성공의 당락을 결정하므로 사소한 습관이라도 그것이 나쁜 것이라면 애초에 싹을 잘라내야 한다.

세상에는 수많은 '성공담'이 존재한다. 그 수많은 성공담을 자세히 살펴보면 성공은 어느 날 갑자기 이루어지는 것이 아니라 작은 습관이 차곡차곡 모여서 만들어진 결과물이라는 사실을 알 수 있다. 따라서 성공하고 싶다면 잔꾀와 같은 노하우를 습득하거나 탁상공론만을 늘어놓아서는 안 된다. 꾸준히 자신의 습관을 되돌아보며 나쁜 것이 있다면 제거하고, 좋은 것은 더욱 향상시키는 등의 구체적이고 현실적인 노력을 기울이자.

나를 지탱해주는 습관의 위력

여기서는 내가 20대부터 활용한 좋은 습관을 들이기 위한 방법을 공개하겠다. 물론 버릇과 습관을 같은 말로 취급해선 안 되겠지만, '세 살 버릇 여든까지 간다'는 속담처럼 한 번 들인 습관은 고치기가 어렵다. 특히 요즘에는 스스로 습관이라고 의식하지 못하는 경우도 많아서 이따금 다른 사람이 그것을 지적해줄 때면 깜짝 놀란다. 그러한 무의식 상태에서 이루어지는 대부분의 습관은 20대에 의식적으로 심어놓은 것이다. 그렇게 기른 습관이 현재의 자신을 만들었다는 사실을 명심하자.

나는 우선 종합적으로 2가지 전략을 세운 뒤 거기에 살을 붙여나가는 형식으로 해서 몇 가지 습관을 길렀다. 전략은 다음과 같다.

① 살아 있는 장단기 목표 설정

② 자신의 차별화

다음으로 중요한 것은 2가지 전략을 실행에 옮기는 일이다.

목표 설정과 그것을 실현하려는 노력에 대한 중요성은 이미 기존의 수많은 책과 강연에서 강조해왔다. 그 정도로 일단 목표를 세우면 발상법에서 행동 패턴까지 크게 달라진다.

나는 비즈니스 업계에 투신하자마자 '입사 동기 가운데 늘 최고가 되자' 라는 목표를 세웠다. 물론 그 목표는 의욕이 넘치는 신입 사원들 대부분이 지녔을 만한 내용이지만, 나는 그것을 '살아 있는 목표' 로 만들기 위해 다음과 같은 3가지 조건을 덧붙였다.

① 시간제한이 있다.

② 행동 계획(action plan)이 수반된다.

③ 평가 시스템이 있다.

이 3가지 중 하나라도 누락된다면 그것은 목표가 아니라 단지 하나의 '바람' 일 뿐이라고 생각했다.

제2의 천성이 인생을 결정한다

다른 입사 동기들보다 눈에 띄기 위해 나는 마케팅이나 영업, 기획 등의 분야에서 구체적인 목표를 세웠다. 그렇게 노력하는 사이에 뭐든지 스스로 생각하는 습관을 확립할 수 있었다.

대부분의 젊은이들이 나와 같은 희망을 품고 비즈니스 업계에 입문한다. 그러나 성공한 사람이 적은 것은 그 희망이 단지 하나의 바람에 그쳐 살아 있는 목표가 되지 못했기 때문이다. 다시 말해, 앞에서 제시한 3가지 조건을 자신의 머리로 철저하게 생각하는 사람은 살아 있는 목표를 달성할 수 있지만, 막연하게 미래만을 꿈꾸는 사람은 결국 죽은 목표(바람)를 지닌 실패자로 전락할 뿐이다.

나는 32살에 '45살 이전에 기업의 대표가 되자' 라는 목표를 세웠다. 그것을 실현하기 위해 '3년 안에 사내에서 가장 뛰어난 마케팅 능력을 겸비하자' 라는 세부 목표를 덧붙였다. 그 결과 42살에 존슨 앤 존슨에 상무로 입사하고, 45살에는 애초의 목표대로 사장으로 취임할 수 있었다. 지금은 목표를 설정하고 그것을 실현하고자 노력하는 자세가 나의 제2의 천성이 되었다.

목표를 설정한 다음, 나는 다른 사람과의 차별화를 두려고 노력했다. 그렇다면 자신을 차별화하려면 어떻게 해야 할까?

인기 있는 상품에는 다른 유사 상품과 구분되는 뚜렷한 차이점이 있다. 그것이 바로 차별화이자 부가가치이다. 예를 들어 존슨 앤 존슨의 히트 상품인 반창고 '밴드 에이드(band-aid)'가 비슷한 종류의 수많은 상품이 난립하는 가운데서도 굳건히 베스트셀러 자리를 고수할 수 있는 것은 제품 자체의 노하우와 이미지 전략, 풍부한 상품군 등이 종합적으로 어우러졌기 때문이다.

이와 같이 다른 제품과 구분되는 세일즈 포인트, 즉 차별화야말로 시장에서 오랫동안 군림할 수 있는 부가가치이다. 그것을 마케팅 용어로는 USP(Unique Selling Proposition, 제품의 독창성)라 일컫는다.

그러므로 비즈니스맨은 회사라는 시장에 자신이라는 상품을 판매하는 셈이다. 자신의 상품가치를 높이려면 '자신을 빛낼 수 있는 독창성'을 연구해야 한다.

USP가 있으면 회사 안에서 '기타 등등의 사람'이 아닌 '그 일을 할 수 있는 유일한 사람'으로 대우받을 수 있다. USP란 남들보다 한 발 앞서 들인 습관이라고 할 수 있다. 나의 경우에는 자신의 상품을 차별화하기 위해 '입사 동기 가운데 늘 최고가 되자'라는 목표를 설정했고, 그것은 강력한 업무 습관으로 자리 잡았다.

악순환의 고리를 끊어라

나는 차별화 전략을 토대로 마케팅과 영업 분야, 기획 분야에서 USP를 연마했다. 이를 위해 업무 수행 면에서 기능적이며 전문적인 능력(skill)을 향상시킨 뒤 그것을 바탕으로 매니지먼트 능력을 습득한다는 목표를 세웠다.

업무 능력은 피라미드와 같아서 그 정점에 오르려면 전문적인 능력을 철저하게 구축해야 한다. 나는 확실하게 입지를 굳힌 지금도 여전히 전문적이고 기능적인 능력을 신장시키려고 부단히 노력한다. 그것은 어느새 나의 습관이 되었다. 결국 비즈니스맨으로서 기초를 다진 20대에 들인 습관이 지금의 나를 만든 셈이다.

이러한 전략과 습관은 나에게 어떠한 성과를 가져왔을까? 마케팅 분야를 예로 들어 살펴보자.

일본 코카콜라에서 근무하던 시절에는 1리터짜리 코카콜라와 스프라이트를 출시할 것을 제안하고, 그것으로 시장을 강타했다. 존슨 앤 존슨에 입사해서는 '치과의사가 권장하는 리치 칫솔'을 담당해 업무 실적을 크게 신장시켰다. 그리고 어른 피부보다 6배나 더 민감한 아기들을 위한 존슨즈 베이비 로션을 '아기에게 순하다면 반드시 어른에게도 좋다'는 발상에 착안하여, 일반 성인용으로 광고해서 일본 전역에서 큰 반향을 일으켰다. 물론 유능한 직원들의 도움이 있었기에 이 모든 성과를 올릴 수 있었다.

여기서 말하는 습관에는 좋은 습관과 나쁜 습관이 있다. 좋은 습관은 자아실현을 통해 자신을 성공으로 이끌지만, 나쁜 습관은 성공으로 가는 길에 걸림돌이 될 뿐이다.

젊은 시절 나는 3가지 나쁜 습관을 근절시켰다. 그때 나쁜 습관을 뿌리째 뽑았기에 내가 성공한 삶을 살 수 있었던 것은 아닐까? 나의 나쁜 습관 3가지는 다음과 같다.

① 소극성

② 자만심

③ 골프

지금의 나를 아는 사람에게 젊은 시절의 내가 남들 앞에 서면 한 마디도 못 할 정도로 부끄럼을 많이 탔다고 하면 아무도 믿지 않을 것이다. 그러나 정말로 그 당시 나는 천성적으로 수줍음이 많은 탓에 남들 앞에서는 다리가 후들거려 제대로 말을 할 수가 없을 정도였다.

그런데 이러한 과도한 소극성(Shy)이 결정적으로 비즈니스맨으로서의 나의 발목을 잡았다. 그래서 나는 생존경쟁에서 더는 낙오자가 될 수 없다고 결심하고 자기주장을 확실히 펼칠 수 있는 습관을 들였다.

이렇듯 나쁜 습관으로 인한 '악순환'을 타파하고자 도전한 것이 '효과적인 화술과 인간관계'라는 주제의 데일 카네기(Dale Carnegie. 미국의 자기계발교육 지도자)의 연설법 코스였다. 약 3개월간 14회에 걸쳐 저녁 6시부터 9시까지 받은 교육의 파급효과는 실로 엄청났다.

마치 지킬 박사와 하이드처럼 나의 성격이 완전히 바뀌었던 것이다.

습관이 바뀌면 성격이 달라진다

데일 카네기 코스를 수강한 뒤 내 성격은 크게 2가지가 바뀌었다.

첫째, 남들 앞에서 이야기하는 것이 즐거워졌다. 그런데 그러한 나의 습관이 고쳐지자 새로운 악습관이 생겨났다. 즉 나의 선천적인 성급함이 남들에게 이야기하기를 좋아하는 성질과 맞물려 다른 사람의 말을 자르고 상대방의 이야기를 충분히 듣지 않는 나쁜 결과를 낳았던 것이다. 아내는 남의 이야기를 귀담아 듣지 않는 나의 나쁜 습관을 날카롭게 지적했다.

그래서 나는 말하고 싶어 하는 자신의 욕구를 가능한 한 억제하고 상대방의 이야기에 귀를 기울이는 습관을 들이려고 노력했다. 지금까지 아무 생각 없이 '들었던(hear)' 태도를 바꿔 의식적으로 '경청하기(listen to)'로 결심했다. 상대방의 이야기를 적극적으로 경청할 수 있게 되자, 이전과는 달리 상대방을 많이 배려하는 습관도 덤으로 길러졌다.

둘째, 매사를 긍정적으로 사고하는 습관이 길러졌다. 데일 카네기 코스를 들은 후, 외적인 나의 태도가 적극적으로 변화하자 내적으로는 자연스레 진취적인 방향으로 생각하는 습관이 들었던 것이다.

긍정적으로 행동하는 사람은 마음까지 밝아지게 마련이다. 그것을 습관화하면 인생 자체가 달라진다.

내가 데일 카네기를 만난 것은 행운이었다. 수강 후 나의 자신감은 하늘을 찌를 정도였으니 말이다. 그래서 취직이 결정된 셋째 아들에게도 입사 전에 그 코스를 신청해보라고 권유했다.

나의 두 번째 악습관은 지나친 자만심이었다. 나는 수줍음이 많은 반면 향상심(向上心)이 강하고 자신감이 넘쳤다. 당연히 학교 때 성적도 매우 우수했다. 그러나 남들은 그런 나를 거만한 사람으로 생각한 듯하다.

심지어 나는 나를 중심으로 세계가 움직인다고 생각했다. 일반적으로 대부분의 사람은 '자신의 능력이나 역량을 적어도 20% 정도는 부풀리는 반면, 다른 사람의 능력은 약 20%를 낮추어 본다'고 한다. 그 당시 나는 자신의 능력을 20%가 아니라 30% 이상 확대 해석했나 보다.

성장하는 인생? 후퇴하는 인생?

나이가 들고 선배에게서 이런 저런 조언을 들으면서 확실히 터득한 삶의 법칙이 있다. 그것은 진정으로 성공하려면 마음 속 깊이 '타인에게 감사하는 마음'을 가져야 한다는 사실이다.

다른 이들과 관계를 맺으면서 살아가는 삶 속에서 '타인에게 감사하는 마음'을 충분히 인식하면 자연스레 겸허해진다. 겸손은 자신감과 상반된 것이 아니다. 오히려 성공한 삶을 사는 사람은 '벼는 익을수록 고개를 숙인다'는 속담을 잘 숙지하고 있다.

젊은 사람이 자만심을 버리고 겸손을 배우는 데는 시간이 걸린다. 그러나 나는 겸손한 행동과 마음가짐이야말로 인간관계를 호전시키는 가장 좋은 습관일 뿐만 아니라 주위 환경에 흔들리지 않고 평생 자신을 성장시킬 수 있는 원천이라고 생각한다.

그렇다면 혈기왕성한 젊은 사람이 자신감과 자만심의 차이를 어떻게 구분할 수 있을까?

우선 자신이라는 상품을 자유노동시장에 판다고 상정해보자. 이때 자신이 시장에서 '시세가 매겨진다'면 자신감이 있는 사람이고, 그렇지 않으면 자만한 사람일 뿐이다.

시장에서 자신의 가치를 인정받지 못하는 사람에는 다음 2가지 유형이 있다. 하나는 실력이 부족한 경우이고, 다른 하나는 회사 내에서만 가치가 높을 뿐 회사 밖에서는 별 볼일 없는 경우다.

대기업 부장으로서 자신의 능력을 충분히 발휘하는 사람이 중소기업에 가서는 그 가치를 전혀 평가받지 못하는 무능력자로 전락할 수 있다. 자신감과 자만심의 차이를 확인하고 성공적으로 전직하기 위해서라도 가끔은 자신이라는 상품이 얼마의 가치가 있는지 확인해보는 습관을 들이자.

시장에서 가치를 평가받느냐 그렇지 못하느냐는 다음의 '333 공식'으로 쉽게 알 수 있다.

다시 말해 자유노동시장에 자신을 내놓았을 때 '3개월 안에', 현재 받는 연봉의 '30% 이상 많은' 금액으로 '3개 사' 이상의 회사에서 제안을 받는 사람은 시세가 매겨진 상품이다.

여러분은 이 공식을 만족시킬 수 있는가?

내가 지금까지 경험한 것을 토대로 살펴보면 시세가 매겨지는 사람은 크게 봐서 2%, 엄밀하게 따지면 1%가 채 안 된다. 이것이 바로 현실이다. 그러므로 대부분의 사람들은 자신감이 있는 것이 아니라 자만심에 차 있는 셈이다.

좋은 습관이 좋은 결과를 부른다

나는 골프를 완전하게 부정하지는 않는다. 골프는 사회생활을 하는 데 나름의 장점이 있을 뿐만 아니라 건강 면에서도 좋은 운동효과가 있다. 그러나 나는 32살이 되면서 그때까지 한 달에 두세 번 치던 골프를 완전히 끊었다. 골프를 통해 얻는 장점과 단점을 냉정하게 분석한 결과, 내 인생에는 불이익이 훨씬 많다고 판단했기 때문이다.

신은 인간에게 2가지를 평등하게 부여했다. 그것은 죽음과 시간이다.

돈 많고 실력 있는 사람에게도 하루는 24시간뿐이므로 최대한 시간을 효과적으로 활용해야 한다. 그렇다고 해서 잠자는 시간을 없앨 수는 없기 때문에, 이 귀중한 24시간을 어떻게 사용하는지는 개인의 능력 여하에 달려있다.

한정된 시간을 자원으로 활용해 성공적으로 자아실현을 하고 싶다면 자신의 행동에 우선순위를 매겨라. 나는 골프가 삶을 즐겁고 건강하게 만들며 사회생활을 하는 데도 유용하다는 점은 인정한다. 하지만 나는 우선순위로 볼 때, 골프를 인생에서 배제하는 편이 바람직하다고 결정했다.

나는 이직을 통해 골프를 그만둘 수 있는 좋은 기회를 얻었다. 이직을 하면 내 나이나 지위를 봐서 회사 안팎으로 골프를 통한 교제가 많을 것이 분명했다. 그래서 이직과 동시에 골프를 그만두기로 결심했던 것이다. 만약에 입사한 후, 얼마간의 시간이 지나고 나서 그만두면 어떤 사람과는 골프를 치고, 어떤 사람과는 골프를 치지 않게 되는 등의 문제가 생기기 때문에 몹시 곤란할 듯했다. 따라서 나는 골프가 사회생활에 오히려 부정적인 영향을 끼칠 수 있다고 판단해 회사를 옮기고 나서는 다른 사람들에게 처음부터 '골프를 치지 않는다'는 태도를 명확히 했다.

그렇다면 여러분에게는 골프가 얼마나 중요한가? 현재 골프를 치고 있는 사람이라면 자신의 인생 목표에서 골프가 차지하는 비중을 다시 한 번 생각해보라. 그렇다고 해서 골프를 그만두라고 강요하는 것은 아니다. 단지 시간을 소중히 사용하는 습관과 우선순위의 중요성을 말하고 싶을 뿐이다.

귀에 익은 그레샴(Gresham)의 법칙에 따르면 악화(惡貨)가 양화(良貨)를 구축한다고 한다. 즉 나쁜 것이 오히려 좋은 것을 물들이고 이긴다. 그러나 적어도 습관의 경우에는 양화가 양화를 구축한다. 좋은 습관을 습득하면 그것이 또 다른 좋은 습관을 낳는다는 의미다. 나의 경우를 예로 들면 골프를 그만두자 주말에 생겨난 자유시간을 지적 활동을 설계하는 데 쓸 수 있었다. 예컨대 시간이 없다는 핑계로 미뤄두었던 독서를 하거나 TV와 라디오, VTR 등을 차분하게 앉아서 시청하는 등 생활에 여유가 생겼다.

골프를 그만두고 여유 있는 시간이 축적되자 자신의 사고 방법이나 삶의 방식이 매우 명확해졌다. 그 성과가 내가 오랜 시간 공을 들여 집필한 20여 권의 저서다. 그중 몇 권은 영어와 중국어, 한국어 등으로 번역되어 출간되었다.

나에게는 "아타라시 씨는 그렇게 바쁜 와중에 어떻게 책을 쓸 시간을 낼 수 있나요?"라고 묻는 사람이 많다. 그럴 때 나는 "골프를 안 치기 때문이지요. 하하하"라고 농담반 진담반으로 대답하곤 한다.

뭔가를 쓴다는 행위는 그 과정 자체가 사고하는 습관으로 이어져 다양한 문제의식을 싹트게 한다. 흔히 아무 생각 없이 바라보던 사물이나 사람에 대해서도 책을 쓴다고 마음을 먹으면 과제로서 눈에 들어오기 때문이다. 사소한 것 하나라도 관심을 갖고 바라보는 습관은 업무를 하면서 지니는 '마음가짐'과도 연결되어 큰 도움이 된다.

아울러 책을 내면 인세가 들어오기 때문에 책을 구입하는 비용이 크게 준다. 또한 희망하는 부하 직원에게 내가 쓴 책을 증정함으로써 나의 생각을 간접적으로 전달할 수도 있다. 그 자체로 좋은 관계가 형성되는 것이다.

결정적으로 바뀌는 날이 찾아온다

좋은 습관을 기르려고 노력하는 자세는 매우 바람직하다. 그러나 준비 운동도 하지 않고 서두르면 오히려 나쁜 결과를 초래할 수도 있다. 인생은 단거리 경주가 아니라 장거리 마라톤과 같아서 꾸준히 자신을 연마해야 한다.

마라톤 선수는 총 경주 구간인 42.195km를 '앞으로 30km 남았어. 그리고 25km……' 처럼 제하면서 달리지 않는다. 또한 '지금까지 10km 달렸어. 또 10km……' 라고 더하면서 뛰지도 않는다. 처음에 5km를 목표로 해서 뛴 다음 다시 5km를 더 달리고 이어서 5km를 또 뛰는 식으로 거리를 좁혀가는 것이다.

비즈니스 업계에 마라톤의 원리를 응용해보면 어떨까?

될 수 있는 대로 목표를 세분화해 차례차례 하나씩 해결해나가라. 마라톤과 마찬가지로 다른 사람이 얼마의 속도와 박자로 뛰는지 관찰하되 그것에 결코 동요하지 마라. 처음부터 과도하게 속도를 내서 후반에 기진맥진하는 것은 아무런 의미가 없다. 또한 주위 사람이 천천히 뛴다고 해서 자신도 덩달아 안심하고 제 실력을 발휘하지 못해서도 안 된다.

눈앞의 우열에 일희일비하지 말고 항상 자신의 능력에 플러스알파가 되는 방향으로 실력을 키워나가는 것이 성공의 지름길이다.

가장 나쁜 습관은 자신이 생각한 대로 일이 되지 않았다고 해서 쉽게 포기하는 것이다. 설사 남보다 속도가 느리더라도 착실하게 한 걸음씩 단계를 밟아나가면 성공의 문은 열리게 마련이다.

그런데 대부분의 사람들은 실력선과 자기인식선이 차이가 나기 때문에 좌절한다. 실제로는 그림과 같이 실력선이 직선으로 나아가고 있는데도 그것을 제대로 인식하지 못한다. 마치 전혀 실력이 향상되고 있지 않다가

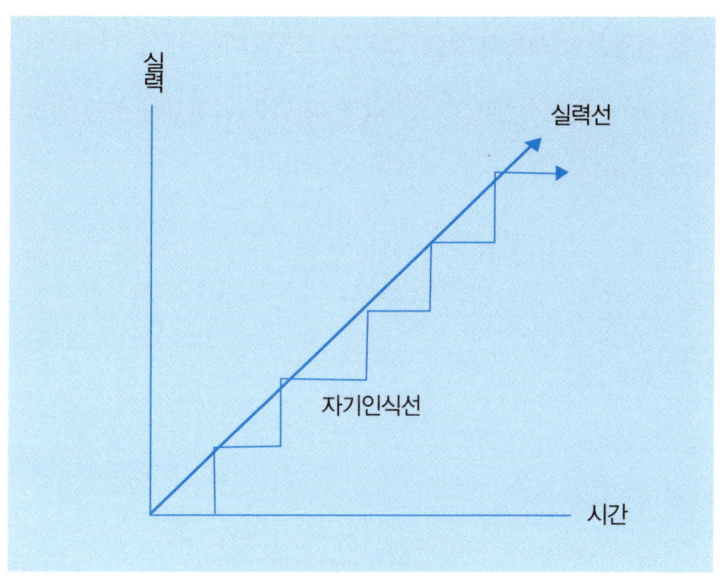

【실력선과 자기인식선】

어느 날 갑자기 다음 단계로 비약한다고 느낀다. 그것이 자기인식선이다. 자신은 조금씩 성장하고 있는데도 말이다.

그러므로 일을 시작하고 나서 중도에 포기하는 어리석은 행동은 이제 그만두라. 제자리에 멈추어 있다고 생각하는 동안에도 실제로는 전진하고 있다. 자신의 능력을 인정하지 않고 중도 하차해 인생 낙오자가 된다면 아깝지 않은가?

채플린의 일화를 들으면 실력선을 제대로 인식하는 것이 얼마나 중요한지 더욱 공감할 수 있을 것이다. 그는 "자신의 최고 걸작품은 무엇이라고 생각하나요?"라는 사람들의 질문에 늘 "다음 작품이오"라고 딱 잘라 말했다고 한다.

성공한 사람은 어제보다 오늘, 그리고 오늘보다는 내일, 나아가서 내일보다는 미래에 더 성장한다고 생각한다. 여러분도 이상을 높게 잡고 뒤돌아보지 말고 전진하라.

습관 1 **살아 있는 목표를 세워라**

- 변화를 자신이 성장하는 기회로 삼아라
- 다면적이고, 장기적이며, 근본적인 사고를 하라
- 상대방의 입장에서 대화하라
- 하루 30분 독서로 시작하라
- 목적의식을 가지고 실천하라
- 목표달성을 기준으로 현재의 자신을 돌아보라

1장

— 문제의식을 가지고 현상을 바라보라 —

이 지구상에는 총 58억 명이 살고 있다. 그 인구수만큼이나 많은 가치관과 의견이 공존한다. '인생은 여러 가지, 남자도 여러 가지, 그리고 여자도 여러 가지'란 가사가 들어있는 시마쿠라 치요코(일본의 유명한 엔카 가수)의 옛 가요처럼 사람은 각자 다양한 인생을 살고 있다.

어찌 보면 인생이란 이처럼 다양하기 때문에 재미있는 것일지도 모른다. 이 세상에 A부터 Z까지 같은 사고와 행동을 하는 복제인간밖에 살지 않는다면 어쩐지 으스스한 기분이 들지 않겠는가? 물론 조직이란 곳은 리더를 따라야 하므로 각자의 의견이 무시될 수도 있다. 그러니 우리는 관리자의 의견을 따라야 하는 경우에도 대다수의 의견에 쓸데없이 흔들리는 것이 아니라 자기 나름의 방식대로 판단한 후 일하고자 한다.

나는 사람에게는 공통적으로 다음과 같은 3가지 명제가 있다고 생각한다.

첫째, 대부분의 사람들은 '스스로 행복해지고 싶다'고 소망한다. 이 명제에는 누구도 이의를 제기하지 못한다. 더구나 이 책을 손에 든 여러분은 행복해지고 싶다는 의식이나 향상심이 다른 사람보다 더 강할 것이다.

둘째, '인생은 한 번뿐'이라는 사실이다. 유전자나 생후 관리로 수명을 늘리거나 삶의 질을 개선할 수는 있어도 인생이 단 한 번뿐이라는 사실만은 부정할 수 없다. 윤회설을 믿는 사람이라도 전생이 현생에 어떠한 영향을 끼치는지, 또한 후생이 어떠할지 등은 예측할 수 없다.

셋째, 우연이나 운이 존재할 수는 있겠지만 본질적으로 '성공한 인생을 사느냐 못 사느냐는 전적으로 자기 책임이다'라는 명제다. 물론 나중에 따로 설명하겠지만 운이란 글자 그대로 스스로 '옮기는(運)' 것이다.

위의 3가지 명제를 종합해보면 '자신의 인생은 스스로 책임져야 한다'는 결론이 나온다. 다시 말해 자신의 삶에 대한 원리 원칙을 세우고 사고 방식의 좌표축을 확실히 정한 뒤 그것을 철저하게 일관하는 일이 바로 성공과 자아실현으로 가는 지름길이란 말이다.

어카운터빌리티(accountability)라는 단어가 있다. 책임이라는 의미의 이 단어에는 스스로 결과를 책임져야 한다는 뜻이 내포되어 있다. 비즈니스맨은 항상 '문제는 나의 것(I own the problem)'이라는 책임의식을 지녀야 한다. 아울러 '내 인생은 나의 것(I own my own life)'으로 여기는 습관을 기르자.

목표에 생명을 불어넣는 방법

니체는 '탈피하지 못하는 뱀은 죽는다' 라는 유명한 말을 남겼다. 사람도 현재의 위치에 안주하면 죽지는 않더라도 더는 진보하지 못한다. 그러므로 항상 문제의식을 지니고 현상을 바라보아야 한다.

조직에서 가장 무서운 일은 관료주의에 빠지는 것이다. 무사 안일한 직무태도가 뿌리 깊이 박히면 전례를 중시하는 경향이 강해진다. 그래서 뭔가 새로운 일에 도전하려고 하면 '전례가 없어서 할 수 없다' 라고 쉽게 체념한다. 또한 기업이 관료주의에 빠져 현상 유지에 급급한 것을 일컬어 기업 관료주의(corpocracy)라 하는데, 개인과 기업 모두 관료주의에 한번 빠지면 헤어나기 어렵다.

그렇다면 어떻게 해야 매너리즘을 극복할 수 있을까? 이 질문은 조직뿐만 아니라 자신의 인생을 발전적으로 영위하기 위해서도 반드시 짚고 넘어가야 한다.

주간 〈아사히 신문〉의 유명한 편집장인 오기야 쇼조는 '저널리즘의 반의어는 매너리즘이다' 라고 꼬집었다.

매너리즘은 문제의식이 결여됨으로써 발생한다. 비즈니스맨이 기업 관료주의의 폐단에 빠지지 않으려면 우선 매사에 문제의식을 지니고 사람이나 사물을 바라봐야 한다. 그리고 나서 '전례가 없으므로 일단 해보자' 라는 신념으로 끊임없이 도전해야 한다. 거듭 강조하건대 모든 일을 스스로 생각하고 그것에 책임을 지는 습관을 들이려면 가장 먼저 문제의식을 겸비해야 한다.

자신의 목표를 염두에 두고 문제의식을 갖고 사람이나 사물을 바라보면, 평소 아무 생각 없이 지나치던 사소한 것에서도 중요한 의미를 발견할 수 있다. 뉴턴이 사과가 떨어지는 광경을 보고 만유인력의 법칙을 발견한 것도 문제의식을 지니고 꾸준히 관찰했기 때문이다.

이러한 문제의식은 앞장에서 언급했듯이 자기 나름의 목표를 명확히 함으로써 생긴다.

살아 있는 목표가 있으면 그것과 연관된 다양한 문제에 깊숙이 파고들 수 있다. 문제를 발견하면 상상력과 판단력, 구상력 등을 구사해 대상을 분석한다. 이러한 일련의 과정을 반복함으로써 새로운 아이디어가 끊임없이 떠올라 매너리즘에서 탈피할 수 있다.

문제의식을 향상시키려면 평소에 다음의 4가지 습관을 들이기 위해 훈련하라.

① 사람이나 사물을 객관적으로 바라보는 냉철함을 지닌다.

② 자료를 신중하게 분석하는 태도를 고수한다.

③ 자기 나름의 좌표축(판단 기준)을 만들고 그에 따라 판단한다.

④ 경직되지 않고 유연하게 사고하고 판단한다.

기발한 아이디어를 발견하는 방법

내가 일본 존슨 앤 존슨에 사장으로 재임했을 때의 일이다. 그 당시 상사였던 프랭크 안젤리 회장은 곧잘 "생각지 못한 것을 생각하세요(Think the unthinkable)"라는 말을 던졌다. 현대와 같이 급격하게 변화하는 시대에는 그러한 발상이 특히 중요하다.

기업의 특징적인 경영 방침에 '개선(improvement)'이라는 개념이 있다.

개선이란 현재 상황을 전제로 해서 새로운 것을 개량해 나간다는 발상이다. 물론 나는 개선의 중요성을 부인하지는 않는다. 개선으로 인한 성과는 3~5%로 적은 수치일지 모르지만, 그것이 계속해서 쌓이면 효율 향상으로 이어져 큰 결과를 얻을 수 있다.

그러나 시대의 흐름은 갈수록 빨라지고 있다. 그 속도는 지진의 경우를 예로 들면 진도7의 격진과 견줄 만하다. 진도7은 자동차가 시속 200km의 고속으로 달리고 있는 듯한 느낌이 들 정도의 어마어마한 진동 속도다. 요즘은 경제와 소비, 유통, 과학 기술, 정치 등의 모든 분야가 진도7의 엄청난 빠르기로 변화하고 있다.

이처럼 큰 변화를 일컬어 '변혁'이라 한다. 변혁의 시대에는 사람들의 행동 유형이 크게 다음 3가지로 나타난다.

① 변화를 자신의 성장 기회로 삼는 사람
② 변화를 간신히 뒤쫓는 사람

③ 변화에 따라가지 못하고 몰락하는 사람

변혁의 시대에는 빅 찬스가 오게 마련이다. 그 증거로 대부분의 성장기업이 경제 환경이 나쁠 때 사업 기반을 구축했다.

기업과 개인 모두 변혁의 시대에 성장하려면 현상을 토대로 한 개선에 안주해서는 안 된다. 개선만을 고수한다면 '변화를 간신히 뒤쫓는 사람'에 미물거나 심시어 '변화에 따라가지 못하고 몰락하는 사람'으로 전락한다.

'변화를 자신의 성장 기회로 삼는 사람'이 되려면 '개선+개혁'을 해야 한다. 개선이 '변화'라면 개혁은 '변혁'에 해당한다. 따라서 변혁의 시대에 낙오자가 되지 않으려면 전례가 없는 일이라도 실패를 감수하고 도전하며, 상식적으로는 이해할 수 없는 문제라도 한 번쯤은 다시 생각하는 습관을 들여야 한다.

제너럴 일렉트릭(General Electric Company)의 잭 웰치(Jack Welch) 회장은 '창조적 파괴'를 주장했다. 그것은 '변화를 자신이 성장하는 기회로 삼는 사람'과도 일맥상통하는 말로, 변혁의 시대에는 기존의 사고 습관에서 반드시 탈피해야 한다. 그렇지 않으면 시대의 변화에 따라가지 못한 실패자로 남을 뿐이다.

'크게 변화하는 시대에 크게 변하지 않으면 크게 망한다'는 원리를 명심하자.

네 번째 식사는 독서

사고력을 기르려면 평소에 학습하는 습관을 들여라. 나는 다음 4가지 방법으로 학습력을 길렀다.

① 독서

② 대인관계

③ 카세트테이프, 라디오, TV

④ 학습회

이중에서 가장 손쉽게 습득할 수 있는 것이 바로 독서다.

나에게는 '하루 네 끼 식사 중 한 끼는 '활자(活字)'로 한다'라는 모토가 있다. 예컨대 10분이나 20분이라도 좋으니 하루에 한 번은 반드시 일본어와 영어로, 가끔씩은 제2외국어인 프랑스어로 쓰인 책을 읽는다.

내가 읽는 책은 비즈니스를 비롯해 역사와 철학, 소설 등 매우 다양하다. 분야를 가리지 않고 되도록 많은 책을 읽으면 자신 안에 뭔가가 자연스레 축적되어 사고 방법의 좌표축을 형성하는 데 큰 도움이 된다. 그러므로 처음에는 자신이 흥미를 느끼는 분야부터 '활자 식사'를 하라.

또한 책을 선택할 때는 이따금씩 선택의 폭을 넓혀 기존에 읽던 책과는 전혀 상반된 분야로 영역을 넓혀가라. 그럼으로써 뜻밖의 아이디어를 얻을 수 있기 때문이다. 여러분은 은행이나 미용실에 비치된 여성용 잡지나

어린이 잡지를 보다가 문득 자신이 미처 모르던 세계에 눈을 떠 참신한 아이디어를 발견한 경험이 없는가?

내가 말주변이 없어서 설득력이 떨어질지 모르겠지만, 책을 선택할 때는 특히 매너리즘에 빠져서는 안 된다.

다음으로 중요한 것은 때때로 자신과는 전혀 다른 유형의 사람에게 "최근에 재미있게 읽은 책은 무엇인가요?"라는 질문을 던져보라. 나는 그렇게 함으로써 자신과는 시섬이 매우 다른 자극적인 세계에 심취한 적이 많다.

나는 활자 식사를 하기 위해 평일에는 매일 한 권의 책을 샀다. 이 습관 역시 오랫동안 길들여졌다. 1,500엔(약 20,000원)짜리 넥타이를 살 때는 주저하지만 책을 사는 데는 아무리 돈을 써도 아깝다는 생각이 들지 않는다. 그래서 나는 자신을 독서가가 아닌 매독가(買讀家)라 부른다. '이것만은 반드시 구입하자!' 라고 판단한 책은 독서할 시간이 없다는 계산조차 하지 않은 채 무심코 사버린다. 지금까지 구입만 하고서 읽지 않은 책이 무려 1,000권에 이를 정도다.

물론 이런 나를 어리석게 생각하는 사람도 있을 것이다. 그러나 나에게는 이것이 가장 합리적인 방법이다. 복권에 대입시켜보면 나의 생각을 이해할 수 있을 것이다.

복권에 당첨되려면 우선 그것을 구입해야 한다. 아무리 당첨 운이 좋은 사람이라도 복권을 사야만 당첨이 될 테니 말이다.

독서도 복권과 마찬가지다. 책을 사서 곧장 읽을지 말지는 구입할 당시에는 모른다. 그러나 적어도 책을 사서 책장에 꽂아두면 그것을 읽을 기회는 확실히 늘어난다. 때마침 여유가 생겨서 읽고 싶은 마음이 들 때, 전에 사두었던 책을 꺼내 보면서 의외로 흥미로운 아이디어를 얻거나 여러 가지 도움이 되는 정보를 접하는 경우가 무수히 많다. 신기하게도 어떤 한 가지에 문제의식을 가지고 안테나를 설치해두면 그 문제에 적합한 책이 자연스레 자신의 눈앞에 나타난다.

요즘에는 특히 신간이 채 2~3주가 지나기도 전에 서점에서 자취를 감추는 경우가 허다하기 때문에 좋은 책이 눈에 띄면 바로바로 사둘 필요가 있다.

책은 그 내용이나 독서 목적에 따라 읽는 방법이 다르다. 즉 '몇 번이고 반복해서 읽는 책', '곰곰이 한 번에 독파하는 책', '쭉 한번 훑어보는 책'처럼 말이다. 상세한 내용은 나중에 설명하겠지만 참고가 될 만한 부분은 복사해서 파일로 만들어 놓는 요령도 기억하자.

문법이 있는 인생을 살아라

앞서 사고력을 키우는 가장 손쉬운 방법은 독서라고 했다.

그 다음은 대인관계다. 물론 독서를 통해 사고력을 향상시키는 방법도 효과적이지만 살아있는 사람에게서 몸으로 배우는 교육은 훨씬 설득력이 있다. 게다가 활자가 되기 이전의 중요한 정보를 좀더 빨리 접한다는 장점이 있다.

사람을 통한 정보가 한결 유용하다는 사실은 학문적으로도 입증되었다.

한 조사 결과에 따르면, 정보는 눈(독서 등) 〈 귀(라디오 등) 〈 눈과 귀(TV 등) 〈 살아 있는 사람 순서로 효과가 높다고 한다. 다시 말해 사람에게서 직접 듣는 정보는 다른 방법보다 훨씬 효과적이다.

나는 학습력을 향상시키기 위해 카세트테이프와 라디오, TV(또는 VTR)를 적절히 활용한다. 몇 년 전부터 재도전한 프랑스어의 경우를 예로 들면 바쁠 때는 녹음이나 녹화를 해두고 취침 전이나 아침 세면 시간, 혹은 차 안에서 들으며 청음능력을 높인다. 또한 경영이나 경제 문제에 관한 테이프 등을 듣는 것도 책과는 전혀 다른 자극을 준다.

혼자서 공부를 지속시키기는 어렵다. 이때 좋은 자극제가 되는 것이 학습회다. 나는 여러 개의 학습 모임에 가입해 '도움이 될 만한' 주제로 모임이 열리면 출석한다. 지명도 있는 토론회에 참가하면 덤으로 인맥까지 넓힐 수 있다. 또한 강연회나 세미나 등의 경우에는 가능한 한 녹음을 해두고 필요할 때마다 다시 들으면 효과적이다.

나는 이러한 학습을 일컬어 '재(才)테크'라 한다. 자신의 재능을 높이기 위한 투자이기 때문이다. 한편 인맥을 넓히는 투자는 '인(人)테크'라 할 수 있다.

그러므로 젊은 시절에는 '재(財)테크'보다는 '재(才)테크'와 '인테크'에 더욱 신경을 써라.

재능을 키우고 인맥을 넓히려면 우선 자신의 현재 능력을 냉철하게 바라봐야 한다. 또한 자신의 실력을 향상시키기 위해 목표를 명확하게 세우면 '문법이 있는 인생'을 살 수 있다. 문법이란 주어, 술어, 수식어 등의 문장 성분을 분명히 한 규칙을 말한다. 따라서 '문법이 있는 인생'이란 그날그날 되는 대로 사는 것이 아니라 자신이 무엇을 추구하는지 또는 어떤 순서로 목표를 달성할지에 대한 문맥이 올바른 삶을 말한다.

인생의 목표를 분명히 하면 그것을 실현하는 데 필요한 정보나 인맥을 스스로 만들어 나가게 마련이다. 그렇게 하면 '재(才)테크'를 기르려는 투자 의욕도 샘솟는다.

따라서 자신의 가치를 높이려면 스스로 연구한 '재(才)테크'를 습관화하라.

다장근으로 사고하라

비즈니스 업계에서 뭔가를 생각할 때 반드시 명심해야 할 것이 있다. 그것은 단지 업무뿐만 아니라 인생을 성공시키는 매우 중요한 열쇠다.

'다장근(多長根)', 그것은 다면적이며, 장기적이고, 근본적으로 현상을 바라보아야 한다는 말이다. '다장근'은 동양 철학의 근본적인 사고법을 토대로 내가 만든 말이다.

먼저 '다(多)–다면적'을 살펴보자.

기존의 비즈니스 업계에서는 만들어진 물건을 판다는 프로덕트 아웃 (product out)의 경향이 강했다. 이러한 발상은 공급자 위주의 사고방식이다. 그러나 최근에는 마켓 인(market in) 방식으로 바뀌어 시장과 소비자의 요구를 파악한 후 팔릴 만한 물건을 만드는 추세다. 물론 2가지 방식 중 어느 하나에 치우치면 다면적이거나 양면적으로 사고하지 못한다. 따라서 공급자 위주의 사고방식과 소비자 위주의 사고방식에 맞추어 복합적으로 사고하는 습관을 길러야 한다.

다음으로 '장(長)-장기적'이다.

업무를 진행하다보면 여러 가지 문제가 생기거나 상사와 갈등 관계에 빠지는 경우가 부지기수다. 그러나 이러한 경우에도 그 문제를 장기적으로 생각해보면 그리 심각한 것이 못 된다. 예컨대 상사와 문제가 발생했을 경우에는 적어도 3~4년 지나면 자신이 부서를 이동하거나 아니면 상사가 옮기게 마련이다. 언제까지고 마찰을 빚는 것은 아니므로 관계가 나쁘다고 해서 애를 끓일 필요는 없다.

마지막으로 '근(根)-근본적'은 다음과 같다.

영어로 '결론은 무엇인가?(What is the bottom line?)'라는 단적인 표현이 있다. 덤불 속에 있는 새를 잡으려고 '덤불 주위를 쿡쿡 찔러봤자(Beat about the bush)' 아무런 소용이 없다. 덤불 속, 즉 급소(근본)를 찔러야 새를 잡을 수 있는 것이다. 영업상 고객을 방문하는 진짜 목적이 무엇인지 제대로 인식하고 있어야 업무를 성공으로 이끌 수 있다. 그래서 방문 전에 그 목적을 명확히 하고 무엇을 달성해야 성공한 것인지를 확실히 인식해두어야 한다. 회의 등에서도 본질에서 벗어난 채 그 주위만을 빙빙 돌며 토론하면 결국 시간만 낭비하게 된다.

눈앞의 유혹에 현혹되지 말고 항상 근본을 되새김질하는 습관을 들이자.

단편적인 사고를 막는 '5W2H' 체크

나의 명함은 앞면은 흰색, 뒷면은 파란색으로 디자인되어 있다.

흰색 면에는 내가 근무하고 있는 일본 필립스 사의 경영이념이, 파란색 면에는 '다음 7항목에 따라 당신의 모든 행동을 자문자답 해보시오' 라는 문구가 적혀 있다. 7항목이란 다음과 같다.

① Who?(누가?)

② What?(무엇을?)

③ Why?(왜?)

④ Where?(어디서?)

⑤ When?(언제?)

⑥ How much?(얼마의 비용으로?)

⑦ How?(어떻게?)

비즈니스맨이 배워야 할 두 번째 사고습관은 바로 '5W2H' 원칙이다. 이것은 기획서를 작성할 때 반드시 확인해야 할 항목으로, 현상을 다면적으로 관찰하는 데 많은 도움을 준다.

나는 특히 회의와 같은 경우에 '5W2H' 원칙을 유용하게 활용하고 있다. 즉 회의를 할 때마다 화이트보드 상단에 '5W2H'를 적어놓고 안건을 결정하기 전에 그것이 이 항목들을 만족시킬 수 있는지 확인한다.

예를 들어 주력상품(What)이 모 지역(Where)에서 판매액이 하락하므로 (Why), 그 금액을 10%(How much) 증가시키기 위한 판촉안(What)을 영업부와 마케팅부(Who)에서 협의(How)해 4월 1일(When)까지 사장(Who)에게 제출할 것이라고 적어두는 것이다.

마찬가지로 사신이 담당하는 비즈니스 안건을 검토할 때도 이 '5W2H'를 항상 염두에 두면 좀더 구체적으로 사고해 그것을 행동으로 옮길 수 있다.

상대방의 신발을 신고 대화하라

어른과 어린아이 혹은 성숙한 사람과 미성숙한 사람의 차이는 무엇일까? 그것은 상대방의 처지에서 사람이나 사물을 생각하느냐 그렇지 않느냐로 구분된다. 내가 강조하고 싶은 것은 상대방의 처지에서 사물을 판단하는 습관을 길러야 한다는 점이다.

나는 국제커뮤니케이션 세미나에서 소니의 모리타 아키오 회장과 함께 발표를 한 적이 있다. 이 세미나에서 모리타 회장은 "외국인과 대화할 때 가장 중요한 점은 무엇인가요?"라는 참가자의 질문에 "상대방과 파장을 맞추는 일이지요"라고 간단명료하게 대답했다. 나에게 그 말은 지금도 기억이 생생할 정도로 인상적이다.

상대방과 파장을 맞춘다는 말은 상대방이 이해할 수 있는 표현이나 감성,

나아가서는 언어로 대화해야만 정확하게 자신의 의사를 전달할 수 있다는 의미다. 예컨대 기술자가 전문지식이 없는 사람에게 전문용어를 구사해가면서 설명해 상대가 그 의미를 파악하지 못해 애를 먹는 경우가 종종 있다.

'상대방의 신발을 신는다' 라는 말은 상대를 인정하는 태도를 말한다. 구체적으로는 상대방의 장점을 찾아내어 그것을 밖으로 들추어 인정해주는 긍정적인 사고습관이다.

상대방을 바꾸는 것은 엄청난 노력이 필요할 뿐만 아니라 거기에는 위험이 따른다. 그러나 자신을 바꾸는 것, 즉 상대방을 호의적으로 받아들이는 것은 조금만 유의하면 간단하게 할 수 있다. 게다가 자신을 바꾸려는 발상과 행동은 신기하게도 상대에게 전달된다. 다른 사람의 장점을 인정하는 습관을 들이면 정말로 그 사람이 좋아진다. 다시 말해 자신이 상대에게 호감을 가지면 상대도 자연스레 자신을 좋아하게 되어 궁극적으로는 상대를 바꿀 수 있는 것이다.

목적의식이 담식을 키운다

스미토모 은행의 오차노미즈 지섬이 개점했을 때의 일이다.

은행이 보통 신규 점포를 열 때는 이른바 롤러 작전을 쓴다. 즉 근처 상점가를 한 곳씩 방문하며 신규 입점을 홍보하고 예금을 권유하는 것이다. 오차노미즈 지점에서도 여자 행원들이 무리를 지어 주위 상점가를 방문했다. 그런데 그 중 한 무리가 간다 우체국을 방문했을 때의 일이다. 그들은

"요 근처에 스미토모 은행이 개점했습니다. 저희 쪽으로 예금을 해주시면 정말 감사하겠습니다"라고 씩씩하게 말했다. 원래 은행과 우체국은 예금을 유치하려는 경쟁자 관계이기 때문에 당연히 처음에는 우체국 직원들로부터 웃음거리가 되었다. 그러나 그들은 끈기 있게 우체국 직원들을 설득했고, 놀랍게도 우체국 직원들이 연이어 13개의 계좌를 개설했다.

이 에피소드에는 후일담이 하나 더 있다. 당시 스미토모 은행의 총수였던 이소디 이치로는 6개 도시 은행 총수가 모인 자리에서 여자 행원들의 간다 우체국 방문 사건을 이야기했다. 그러자 산와은행의 아카시 토시오가 그 말을 거들었다. "그 스미토모 여자 행원들은 우리 집에도 찾아왔었어요. 그들이 계좌 개설을 권유하기에 아내가 '우리 집 양반이 산와 은행의 총수라는 사실을 모르고 왔나요?'라고 물었지요. 그랬더니 '잘 알고 있지만 그래도 찾아왔어요'라며 씩 웃더란 거예요."

유감스럽게도 그 직원은 산와 은행의 총수 집에서 예금을 유치하지는 못했다. 그러나 고정관념으로 일관하는 비즈니스 업계에서 일단 목적을 세운 뒤 행동으로 옮기는 그들의 자세는 '생각의 내부에 있는 것을 실천하는 태도'의 중요성을 여실히 보여주었다.

나는 비즈니스맨들에게 지식과 식견, 그리고 실천이 있어야 한다고 강조한다.

'지식'은 독서나 인맥, 매스컴 등을 통해 정보를 습득하는 것을 말한다. 그러나 단지 정보를 습득하는 단계에 그쳐서는 올바른 지식이라고 할 수 없다. 정보를 습득했으면 자기 나름의 사고방법을 부가가치로 더해서 활용해야만 비로소 지식으로서 인정된다. 그것이 바로 '식견'이다. 영어로는 자기 나름의 분명한 사고나 의견을 지닌 사람을 맨 오브 오피니언(man of opinion)이라고 표현한다. 그러한 사람이야말로 정통한 식견가다.

식견이 풍부한 사람은 그것만으로도 높이 평가받겠지만 비즈니스맨으로서는 뭔가 부족하다. 바꿔 말해 결단력과 행동력이 결여되어 있다는 말이다. 이 두 가지는 석가모니조차 그 중요성을 인정했다. 석가모니의 제자 중에 문수보살과 보현보살이 있다. 이중 문수보살은 '3명이 모여 의논하면 문수보살의 지혜가 나온다'는 말처럼 '지혜'를 상징한다. 이에 반해 보현보살은 '실천'을 대표한다. 물론 불교에서 말하는 '실천'이란 수행으로 요약되지만, 보현보살은 수행을 통해 널리 중생을 구제하는 데 앞장섰다.

지식을 바탕으로 식견을 갈고 닦아 스스로 결단해 실행에 옮긴다. 이러한 일련의 과정을 습득한 사람을 '담식가'라 부른다.

앞서 말한 스미토모의 여자 행원들은 '우체국', '타 은행의 총수'라는 지식이 있었다. 그들은 사전 지식을 '그래서 안 돼'라고 부정적으로 생각하지 않고 '설득하면 예금을 유치할 수 있어'라고 긍정적으로 받아들였다. 그것이 한 가지 식견이다. 나아가서 그 식견을 생각에 그치지 않고 과감히 실천하기로 결정했던 것이다. 그것이 바로 담식(膽識)이다.

그 결과, 강력한 경쟁자인 우체국에서도 예금을 획득할 수 있었던 것이다.

하루 30분 독서로 시작하라

우리의 뇌는 좌뇌와 우뇌로 구분된다. 좌뇌는 언어나 계산, 분석, 논리적 사고 등을, 우뇌는 감정이나 시공간 인식, 상상이나 직감, 창조 등을 담당한다. 쉽게 말해 논리적인 면은 좌뇌가, 이미지화 된 것은 우뇌가 각각 관장하는 셈이다.

일반적으로 비즈니스맨은 좌뇌를 혹사시키는 경향이 있다. 그러므로 가끔씩 음악이나 미술, 연극이나 영화를 감상함으로써 우뇌를 적절히 활용해 균형을 맞출 필요가 있다.

작가인 야마다 토모히코는 그의 저서인 『비즈니스맨이 '자신의 꿈'을 실현하는 방법』에서 우뇌를 자극하는 독서법을 제안했다. 그에 따르면 우뇌를 효과적으로 자극하려면 유사한 책들만 읽지 말고 다양한 종류의 책을 단기간에 독파하는 것이 좋다고 한다.

책의 종류는 철학이나 역사 등의 교양서적, 경제 서적, 문학 서적, 엔터테인먼트 서적 등으로 매우 다양하다. 내가 최근에 읽은 책을 구체적으로 살펴보면, 우선 교양서에는 『오페라와 그리스 신화』, 『음악의 우선서』가 있다. 다음으로 경제서적에는 『파국이냐 재생이냐』, 『문예춘추』, 그리고 문학 서적에는 『모판(暮坂)』, 마지막으로 엔터테인먼트 서적으로는 『블루링(The Blue Ring, A.J.퀸넬)』을 읽었다.

나는 닥치는 대로 아무 책이나 읽는 난독가(難讀家)다. 나는 남이 가르쳐줘서가 아니라 자연스레 우뇌 자극법을 사용하고 있었던 셈이다.

그러므로 일류 비즈니스맨이 되려면 의식적으로 다양한 분야의 책을 읽는 습관을 들이자. 분야를 가리지 않고 책을 읽으면 우뇌를 자극할 뿐만 아니라 뜻밖의 아이디어도 발견할 수 있다.

나는 독서를 습관화하기 위해 우선 '적어도 하루에 30분씩 독서하기' 라는 목표를 정했다. 여러분도 처음부터 1시간으로 목표를 세우면 실행하기 어려우므로 부담 없이 30분씩 읽는 습관을 들여라.

외뇌를 단련시켜라

나는 우뇌와 좌뇌 외에 '외뇌(外腦)'도 지니고 있다. 그것은 내 몸 밖에 있는 뇌(brain)를 말한다.

한 사람이 모든 분야에 통달하기는 사실상 불가능하다. 그러나 외뇌를 활용하면 문제를 다방면으로 해결할 수 있다.

예를 들어 자신이 서툰 분야를 조사해야 할 경우, 그 분야에 해박한 지식을 가지고 있는 친구에게 전화를 걸어 "이런 문제가 있는데 말야. 내가 잘 모르겠거든, 네가 좀 알려 줄래?"라고 조언을 구한다. 만일 그 역시 모른다면 "그러면 이 방면에 능통한 사람을 혹시 알고 있니?"라고 다시 물어본다. 이러한 일련의 과정을 통해 인맥도 넓힐 수 있다.

현재 나의 인적 재산목록(human inventory list)에는 총 200여 명의 리스트가 올라와 있다. 200여 명이라는 숫자가 적을 수도 있겠지만 양보다는 질이 중요하다. 그런 면에서 나는 나의 인적 재산목록에 매우 만족한다.

물론 좀더 인맥을 넓히고자 다음과 같은 방법도 시도하고 있다.

① 새로운 사람과의 만남의 장을 넓힌다.

거래처처럼 업무와 관련된 회합이나 학습회, 친목회 등의 기회를 활용한다. 업무 이외의 동창회나 스포츠 동아리도 좋다. 의욕적으로 이러한 기회를 가지다보면 새로운 사람과 자연스럽게 친해질 수 있다.

② 기존의 인맥을 통해 새로운 인맥을 넓힌다.

친구나 지인에게 전화해 "이 분야의 전문가를 알고 있니?"라고 물어 소개받은 뒤 인맥 목록에 한 사람씩 그 숫자를 늘려나가자. 유유상종이라는 말처럼 좋은 인맥이 좋은 인맥을 만든다.

③ 강연회나 세미나를 활용한다.

강연회와 같은 자리에 참가했을 때는 주위에서 열심히 듣는 사람이나 공부에 열의가 있는 사람을 발견해 그에게 적극적으로 말을 걸자. 단, 이때는 자신이 먼저 마음을 열고 대해야만 상대방도 진실하게 당신을 상대한다.

이렇게 해서 알게 된 사람들과는 그 이후에도 종종 만나거나 이메일 혹은 전화를 주고받는 등으로 친목을 돈독히 해둔다. 이러한 습관을 들임으로써 인맥은 시간이 흐름에 따라 놀랄 만큼 넓어진다.

또한 인맥을 넓힐 때는 가능한 한 다양한 부류의 사람들과 사귀는 것이 좋다. 다른 업계나 자신과는 전혀 동떨어진 분야에 종사하는 그런 사람 말이다. 예컨대 교육자나 학자, 예술가, 평론가, 저널리스트, 스님 등 업무와 상관없는 분야의 사람과 교류하다보면 뜻밖의 지식이나 정보를 얻을 수 있다. 이러한 지적 자극이 사고력을 높여 업무에 도움을 주는 경우가 수두룩하다.

나의 현재 과제는 또 다른 외뇌 창구인 인터넷을 배우는 것이다. 그러나 인터넷은 어디까지나 간접화법의 세계이므로 영향력이 강한 실제 인물과의 만남을 통한 직접화법에 비하면 효과가 떨어진다.

2장

목표를 달성할 수 있는 방법

대부분의 사람은 성공을 희망한다. 그렇다면 성공이란 무엇인가? 그것을 명확히 해두어야 자신이 정말로 성공했는지를 알 수 있다. 성공에 대해서는 기존에 여러 가지 정의가 나와 있지만, 내게 가장 와 닿았던 문구는 다음과 같다.

성공이란 가치 있다고 생각하는 목표를 사전에 설정한 뒤 단계를 밟아가며 그것을 실현시키는 것이다.

이 정의는 다시 다음과 같이 몇 가지 요소로 나눠서 생각할 수 있다.

먼저 '자신이 가치 있다고 생각하는 목표'를 분명히 하라. 다른 사람이 아무리 우러러보는 목표라도 자신이 그렇게 생각하지 않으면 아무런 의미가 없다. 권력을 지향하는 사람은 출세를 성공이라고 생각한다. 그러나 연구를 지향하는 사람은 비즈니스맨으로서 '출세'를 하는 것보다는 차라리 그 시간을 흥미와 정열이 느껴지는 연구 분야의 기틀을 마련하는 데 쓰는 편이 더 행복하다고 여긴다. 그러므로 '자신이 생각하는 가치'를 충분히 생각한 뒤 목표를 설정하는 것이 중요하다.

다음으로 '사전에 설정'이라는 요소를 짚고 넘어가라. 아무 생각 없이 매달려 성공할 수만 있다면 상관없겠지만 현실은 그렇게 호락호락하지가 않다. 그래서 자신이 정말로 가치를 발견할 수 있는 목표를 사전에 정리해 '살아 있는 목표'로 만들어야 한다.

마지막으로 살아 있는 목표를 설정한 뒤에는 '단계를 밟아서 실현'하라. 성공을 지향하므로 당연히 목표는 그만큼 클 것이다. 그 원대한 목표를 달성하려면 구체적으로 명확하게 세부 목표를 세워서 단계를 밟아가며 하나씩 해결해나가는 습관을 들여야 한다.

사막의 여우라 불린 독일의 롬멜(Erwin Rommel) 장군은 교묘한 작전으로 적군을 괴롭히며 연승을 거두었다. 그는 어떻게 단 한 번의 실패 없이 승리할 수 있었을까? 그 이치는 간단하다. 그는 이기는 싸움만 했기 때문이다. 군의 사기를 높이려면 어떻게 해서든 싸움에서 이겨야 한다. 그래서 롬멜은 승산이 있는 전선에만 대군을 보냈다. 이러한 작은 전투에서 계속해서 승리를 거두자 병사들의 자신감은 하늘을 찔렀다. 한편 적군인 영국군에게도 '롬멜의 군대는 무시무시하다'라는 공포심을 심어줌으로써 다소 불리한 상황에 빠져도 상대를 압도하는 위치에 설 수 있었다.

롬멜의 예에서도 알 수 있듯이 '이기는 습관' 이 몸에 배어야 결과적으로 큰 성공을 부를 수 있다.

성공의 방정식을 습득하라

성공에 대한 정의를 명확히 내린 후에는 목표를 달성하기 위한 접근방법을 연구하라.

본인이 처한 환경이나 능력에 그다지 차이가 없는데도 모두가 성공했다고 인정하는 사람과 그렇지 않은 사람이 구분되는 이유는 무엇일까? 실제로 그 차이는 매우 작다. 작은 습관이나 마음가짐, 그리고 노력 등에서 사소한 격차가 벌어지는 것이다. 거기에 시간이라는 요소가 더해짐으로써 비로소 큰 차이가 나타난다.

내가 여러 가지 현실적인 난관에 부딪히면서도 성공할 수 있었던 것은 나름대로 '성공의 방정식' 을 확실히 인식하고 그것을 실행에 옮겼기 때문이다. 나의 성공 공식은 다음과 같다.

$$성공 = 정열 \times 방법 \times 시간$$

이 공식을 풀어보면 '올바른 방법으로 시간을 유효하게 활용하면서 남들보다 더 많이 노력하면 성공할 수 있다' 라는 의미다. 그러나 이 평범한 원리조차도 현실적으로 제대로 인식하고 있는 사람이 드물다.

첫 번째 성공 법칙인 '정열' 이란 무엇인가? 그것은 목표를 달성하기 위해 스스로 불타오르는 정신 에너지다. 대부분의 사람들이 목표를 세운 직후에는 의욕적으로 움직이지만 시간이 흐르면서 차츰 정신이 해이해진다. 목표를 이루기 전까지 뜨겁게 타오르는 마음을 유지하려면 스스로 많은 노력을 해야 한다. 세상에는 다음 3가지 유형의 사람이 있다.

① 스스로 불을 붙여 타오르는 사람(자연(自燃)형)

② 남이 불을 붙여야 타오르는 사람(가연(可燃)형)

③ 남이 불을 붙여도 타오르지 않는 사람(불연(不燃)형)

성공하는 사람은 당연히 '스스로 불을 붙여 타오르는 사람'이다. 이러한 사람은 정열가로서 주위 사람들을 끌어 모아 그들까지 불타오르게 한다. 관리자가 바뀌었다는 이유만으로 업무 실적이 급격하게 신장하기도 하는 것은 신임 관리자가 팀원 개개인의 의욕에 불을 당겼기 때문이다. 성공을 지향하려면 가연형에서 자연형으로 바뀌도록 노력해야 한다. 여러분은 '혹시 내가 불연형은 아닐까?'라는 걱정을 하는가? 그렇다면 그런 염려는 하지 마라. 불연형이 이 책을 손에 들었을 리는 없을 테니 말이다.

다음으로 '방법'을 살펴보자. 일반적으로 정열은 뜨거울수록, 시간은 길수록 성공하기 쉽다. 그러나 성공하려는 방법이나 방향성이 조금이라도 흐트러져 있다면 시간과 정열을 쓰면 쓸수록 성공과는 멀어진다.

'노력한 보람이 없다'라며 탄식하는 사람을 흔히 볼 수 있다. 그런 사람을 유심히 관찰하면 대체로 그 방법이나 수단이 잘못된 경우가 많다. 목표를 향해 정열을 불살랐지만 가장 중요한 '방법'이 잘못되어서 자신의 노력을 헛되이 하고 만 것이다. 본인이 하고자 하는 의욕이 넘치는데도 그 방법이나 방향을 잘못 잡아서 실패하는 것은 정말 허무하다.

마지막 요소인 '시간'을 만드는 방법이나 그 사용법에 대해서는 8장에서 자세히 소개하겠다.

성공과 행복은 표리일체의 명제다. 그것은 둘 다 자신의 가치관을 중심으로 하므로 매우 주관적이다.

그렇다면 성공이란 무엇이며, 또한 실패란 무엇인가? 지극히 평범한 대답이겠지만, 성공이나 실패 모두 자신의 가치관을 기준으로 판단해야 한다. 그렇기 때문에 자신에게 있어 가치가 있는 목표를 찾아서 실현하는 행동 습관을 들여야 한다.

계획을 성공시키는 5가지 원칙

목표는 적어도 '자신에게 가치 있는 것'이다. 그러므로 '이런 목표를 가져라!'라고 꼬집어 말할 수 없다. 그러나 자신에게 가치 있는 것을 막연하게 생각만 해서는 핵심을 간파하기 어려우므로 여기서는 목표를 명확하게 세우는 데 도움이 될 만한 몇 가지 정보를 소개하겠다. 우선 대강의 목표는 회사와 경제, 교양이나 마음, 그리고 가족, 건강이다.

① 회사

비즈니스맨에게는 목표로 세우기 쉬운 가장 가까운 것이 회사와 관련된 일이다. 나의 경우에는 '입사 동기 중에 항상 최고가 되자', '45살이 되기 전에 회사의 대표가 되자', '3년 안에 회사 내에서 마케팅 최고 전문가가 되자' 등의 목표에 따라 살았다. 이와 같이 지위나 수입, 실력, 자격, 인맥, 독립 등으로 자신에게 중요한 것이 무엇인지를 판가름하면 쉽게 목표를 발견할 수 있다.

② 경제

물론 젊은 시절에는 심각하게 고민할 필요가 없겠지만, 나이가 제법 들면 재산을 모으는 데도 관심을 기울여야 한다. 그러나 단지 재산을 축적하는 것을 목표로 한다면 생각의 폭이 좁아지므로 첫 번째 조건인 회사와 연관시켜 5년 후나 10년 후 자신의 경제 상황이 어떻게 달라질지를 검토해 그에 맞는 목표를 세우자. 나는 셋째 아이가 자립하면 1년 중 6개월은 일본에서, 나머지 여름의 3개월은 밴쿠버에서, 겨울의 3개월은 하와이에서 생활하겠다는 목표를 세웠다. 재산을 모으는 목적은 인생을 충실하게 영위하기 위한 수단에 불과하다. 그러므로 목표와 수단이 조화를 이룰 수 있도록 신경을 써야 한다.

좋은 목표의 '매력'

③ 교양과 마음

학교에서는 '교양'이 아닌 '교육'을 가르친다. 그러므로 교양이란 스스로 연마해야 한다. 나는 젊은이들에게 수입의 5%를 자신의 교양을 쌓는 데 투자하라고 조언한다. 손쉽게 접할 수 있는 것이 독서다. 그밖에도 학습회나 세미나 등에서 그 분야의 진문가들에게 좋은 이야기를 듣는 방법도 마음을 다스리는 데 효과적이다. 그러한 기회를 스스로 만들어내려면 자신에게 열심히 투자해야 한다. '재(才)테크'와 더불어 '심(心)테크'도 해야 한다는 말이다.

④ 가족

독신일 때에는 별로 관심이 없겠지만, 인생에서 가족이란 매우 중요한 부분이다. 그러므로 가족의 상황이 몇 년 후에는 어떻게 되기를 바라는지 구체적으로 생각해보는 것이 좋다. 아이들의 개성을 관찰한 뒤 간접적으로 아이의 진로를 유도하고 지원하는 것이 바로 부모의 역할이다. 나 역시 자식들을 바람직한 방향으로 이끌려고 고심한 결과 나름대로 성공을 거두었다.

⑤ 건강

나의 친구 중에 의사가 한 명 있다. 그에 따르면 젊은 시절에 운동 등으로 몸을 단련시킨 사람과 그렇지 않은 사람은 평균 수명 면에서는 별 차이가 없을지 모르지만, 실제로 건강에 신경을 쓴 사람의 육체 나이는 평균에 비해 5~7살 정도 젊다고 한다. 예를 들어 현재 나이가 40살이라고 가정했을 경우, 부단히 건강을 관리한 사람의 육체 나이는 35살인 반면, 그렇지 않은 사람은 45살이 되는 셈이다. 나이가 들수록 그 격차는 더욱 심해진다.

지금까지 계획을 무산시키지 않는 5가지 원칙에 대해 설명했다. 여러분은 지금부터라도 자신의 연령대에 맞게 이 원칙 가운데 2~3가지를 선택해 실천하는 습관을 들여라.

20대, 30대에 습관화할 것

비즈니스맨은 3가지 능력을 겸비해야 한다. 즉 기능적이며 전문적인 능력, 매니지먼트(management) 능력, 인간적 능력을 말한다. 그것이 바로 업무 수행 능력의 기본적인 3가지 요소다.

그렇다면 어떻게 해야 이 3가지 능력을 균형적으로 습득할 수 있을까? 구체적으로는 나중에 설명하겠지만, 우선 연령대별로 보면 VSOP가 중요한 핵심 요소라는 사실을 염두에 두자. 연령대별로 징확하게 구분되는 것은 아니지만 여러분이 목표를 설정하는 데 큰 도움이 될 것이다.

① 활력(Vitality)

혈기왕성한 20대는 찬밥 더운밥 가리지 말고 무슨 일이든 과감히 도전하라. 세세하게 따지지 말고 자신이 받는 월급의 배 이상으로 열심히 일하라. 그렇게 하면 경험이 부족하기 때문에 느꼈던 부담감이 줄어들어 스스로 자신감을 얻을 수 있다. 그래서 회사에 반드시 있어야 할 사람으로 평가되어 성공하는 사람 특유의 자신감을 형성할 수 있다.

② 전문성(Speciality)

일반 사원의 경우 자신의 업무 수행 능력 가운데 전문성이 차지하는 비율은 약 60%에 이른다. 경리 사원에게는 경리 능력이, 영업 사원에게는 영업 능력이 가장 필요한 것처럼 전문성이 점유하는 비중은 매우 크다. 특히 30대에는 여러 분야 중에서 하나를 골라 스스로 전문성을 키우자. 그리고 가능하다면 여러 분야에서 전문성을 배양하는 것도 좋다.

③ 독창성(Originality)

40대에는 자신의 개성을 살린 매니지먼트 방식을 확립하라. 매니지먼트의 대상은 사람과 업무 2가지다. 사람의 경우에는 부하 직원뿐만 아니라 상사까지도 관리할 수 있어야 한다. 업무적인 면으로는 조정능력, 의사소통 능력, 창조성을 구사해 자신만의 매니지먼트 사이클(경영관리 활동을 계획하고 조직하며 통제하는 일련의 순환과정)을 원활하게 순환시킬 수 있어야 한다.

④ 인간적 능력(Personality)

인사관리 능력은 젊은 시절부터 쌓아나가야 한다. 특히 50대에는 인간적 능력을 완성시키는 데 총력을 기울여야 한다. 나는 수많은 부하 직원을 거느리면서 단순한 기술만으로는 리더십을 발휘하기 힘들다는 사실을 깨달았다. 부하 직원을 잘 지도하려면 기술이나 노하우보다 더 큰 뭔가가 필요하다. 그것이 바로 인간적 능력이다. 또한 그것은 평생의 과제다.

지금까지 살펴본 VSOP는 비즈니스맨이 인생 계획을 세우는 데 하나의 지침이 된다. 그러므로 부디 이것을 좋은 습관을 들이는 데 효과적으로 활용하기 바란다.

의미 없는 목표

자신은 훌륭한 목표라고 생각하지만 실제로는 부적합한 경우가 종종 있다. 그러한 오류에 빠지지 않으려면 다음의 7가지 포인트를 확인한 뒤 목표를 세우자. 이것은 내 나름의 방법이지만 목표를 세우는 데 매우 효과적이다.

① 너무 쉽지 않은가?

너무 간단하게 달성할 수 있는 목표는 성취율이 떨어진다.

② 불가능한 것은 아닌가?

실현 가능성이 적은 목표를 세우면 좌절감을 초래한다. 그러므로 실현할 만한 목표로 변경하든가 원래와는 다른 목표를 세우자.

③ 반사회적인 것은 아닌가?

비즈니스맨의 목표는 어디까지나 자신의 실력을 향상시키고 사회에 공헌할 수 있는 것이어야 한다.

④ 가족의 희생이 따르지는 않는가?

가족을 희생시키면서까지 달성해야 하는 목표는 거의 없다. 희생 정도가 어느 정도인지에 따라 차이는 있겠지만 어쨌든 주의해야 할 부분이다.

⑤ 건강 면에서 자신이 있는가?

건강상 무리가 있다는 사실을 알았다면 계획을 변경하자.

⑥ 장기적으로 봐서 경제적 이득이 있는가?

업무의 경우에는 반드시 경제적인 부분을 고려해야 한다.

⑦ 그것을 달성함으로써 스스로 크게 만족감을 얻거나 주위 사람들에게 평가 받을 수 있는가?

목표란 자기 스스로 만족할 수 있고 남들에게서도 호평을 받을 수 있는 것이어야 한다.

위의 7가지 포인트를 만족시키는 목표라면 도중에 변경하거나 수정하는 일은 있어도 결코 쉽게 좌절하지는 않는다.

균형적으로 장단기 계획을 세워라

목표를 설정할 때는 '장기 계획'과 '단기 계획'을 구분해야 한다. 그렇게 하면 자신이 해야 할 일이 명확해진다. 장기 계획을 세울 때는 5년 정도 기간을 두고 하며, 단기 계획은 1년 단위로 세우는 것이 좋다.

그리고 장단기 계획은 반드시 동시에 설정하라. 두 계획을 비교하면서 자신의 행동을 고려함으로써 목표를 달성하는 데 소요되는 시간이나 과정, 자신의 현재 위치 등을 명확히 할 수 있다. 또한 장단기 계획을 동시에 세우면 필요에 따라 계획을 수정하거나 액션 플랜을 변경하는 등으로 융통성 있게 대응할 수 있다.

장기 계획은 내가 세운 '45살 이전에 회사의 대표가 되자'처럼 비교적 포부가 원대한 것을 말한다. 그래서 단기 계획이 장래에 어떠한 영향을 미칠지를 생각하면서 장기 목표를 달성하기 위한 구체적인 단계를 밟아나간다. 또한 10년 이상의 장기 목표(최종 목표)를 세울 때는 5년이나 7년이 지난 시점에 다시 한 번 목표에 변동 사항이 없는지 확인한다.

매우 긴 시간이 소요되는 장기 계획을 실제로 성공시키려면 적어도 최종적인 도달 목표만큼은 명확히 한 다음 세부 계획을 세워야 한다.

한편 단기 계획은 그 사고방식부터가 장기 계획과는 다르다. 우선 기간은 1년 단위로 가능한 한 구체적으로 짜는 것이 좋다.

'자신에게 가치 있는 목표'를 입안했으면 그 해에 달성해야 할 목표와 행동 계획을 구체화한다. 예컨대 자신이 선택한 분야의 전문서를 독파하거나, 영어 검정 시험 1급 자격증을 1년 안에 취득하거나, 매달 한 번씩은 학습회를 주재하는 등으로 세부적인 목표를 세운다.

원대한 장기 계획과 비교하면 별 것 아닐지도 모르지만 작은 성공을 계속해서 쌓아나가는 것은 성공을 위한 가장 빠른 지름길이다.

단기 계획을 세운 후에는 단계별로 착실하게 실행에 옮긴다. 그리고 목표 달성 정도를 확인하는 기일에는 자신이 계획대로 잘 실천했는지를 점검한다. 이때는 다음 해에 자신이 더욱 성장하기 위한 기초가 되는 과정이므로 신중하게 검토해야 한다.

계획대로 달성한 경우에는 차기 연도의 계획을 세울 때 조금 더 난이도를 높여서 단기 계획을 세운사. 만일 계획 달성에 실패했다면 그 원인을 분석하고 다음 해에 연장해서 실천할 것인지 아니면 수정하거나 변경해서 재도전할 것인지를 결정한다.

또한 이때는 단기 계획을 점검하고 그 결과에 따라 장기 계획도 수정한다.

그러나 장기 계획을 수정할 때는 기일이나 내용 등을 약간씩 변경하는 것은 상관없지만, 적어도 이미 결정한 최종 목표를 임의로 변경해서는 안된다. 장기 계획을 수정하기보다는 차라리 장기 계획에 맞게 단기 계획을 변경하는 등으로 장기 목표를 달성하기 위한 과정을 손보는 편이 더 낫다.

최종 목표를 함부로 변경하지 않는 대신 단기 계획은 되도록 구체적이고 실현 가능하도록 적당히 조정하면서 실천하자.

장단기 계획을 명확하게 세우면 계획이 무산되는 일을 크게 줄일 수 있다.

목표 달성에 실패했을 경우의 대응법

그렇다면 목표를 달성하지 못한 경우에는 어떻게 대응해야 할까?

가장 중요한 것은 차분히 '음미' 하는 것이다. 즉 구체적인 실패 원인을 분석한다. 실패 원인에는 목표 자체(what)가 잘못된 경우와 실천 방법이나 과정(how)에 문제가 있는 경우로 2가지를 생각할 수 있다.

처음부터 목표가 잘못된 것이라면 어떻게 해야 하나? 목표를 달성하려면 세밀하게 계획을 짜야 한다. 환경의 급격한 변화나 사고, 인사문제와 같은 장애물을 수없이 넘어야 하기 때문이다. 그런데 이러한 문제를 간과한 채 지나치게 높은 목표를 설정해서 실패하는 경우가 허다하다. 이 경우에는 목표의 상한점을 낮추어야 한다.

올바른 목표는 '도전적이면서 현실적(challenging and realistic)' 이다. 바꿔 말하면 실현가능성이 있는 목표를 설정하라는 말이다. 너무 쉬운 목표를 세운다면 그것은 실천의 의미가 없다. 그러나 지나치게 어려운 목표 또한 그것을 세우는 의미가 없으므로 열심히 노력하면 손이 닿을 정도의 목표를 설정하는 것이 바람직하다.

올바른 목표의 두 번째 조건은 '숫자로 나타낼 수 있어야 한다' 는 점이다. 이는 영어로 '측정할 수 있으면 실행할 수 있다(What gets measured, gets done)' 라는 말로 대치할 수 있다. 목표 달성 정도를 수치화하면 계획을 실현하는 도중에라도 자신의 현 위치를 확인할 수 있을 뿐만 아니라 의욕도 고조시킬 수 있다.

그렇다면 목표 달성 방법이나 과정이 틀린 경우에는 어떻게 대응해야 하나? 이 경우에는 계획을 실천하는 과정에서 목표와 실행방법이 서로 어긋났기 때문에 결과적으로 목표 달성에 실패한 것이다. 따라서 차기 연도에 계획을 세울 때는 전 연도의 실패 원인을 철저히 분석하여 목표에 맞는 실행방법을 모색해야 한다.

나는 지금까지 몇 가지 인생 목표를 세워 그것을 실행에 옮긴 결과, 목표 가운데 90% 이상을 달성했다. 그것은 지금까지 설명한 원칙들을 충분히 인식하고 있었기 때문에 가능했다.

목표는 행동력의 원천이자 성공으로 가는 출발점이다. 그것은 시간을 효율적으로 사용하고 자신의 능력을 향상시킬 수 있게 도와주므로 성공하려면 필히 목표를 추구하는 습관을 갖추어야 한다.

도착지점을 기준으로 현재를 돌아보라

하버드 대학에서는 폭넓은 계층을 대상으로 다음과 같이 인생 목표에 대한 의식조사를 실시했다(무응답 9% 제외).

① 인생의 목표를 세우고 사는 사람 13%

② 인생의 목표가 없는 사람 78%

그런데 분명한 목표가 있다고 대답한 사람들은 한결같이 정신적으로나 물질적으로 모두 풍족하게 여유 있는 생활을 하고 있었다. 이 조사 결과는 실제로 시사하는 바가 크다. 그것은 목표가 있으면 현실적으로 성공적인 삶을 누릴 수 있음을 의미한다.

장래에 대한 기대를 품고 그것을 실현하고 싶다면 자신의 꿈을 실현할 수 있는 기한을 정해서 행동 계획을 짠 후 그에 맞는 평가 기준을 명확히 하라. 그렇게 하면 단순한 '바람'이 실제로 '살아 있는 목표'로 작용할 것이다.

그리고 정해진 목표는 메모하라. 그 메모를 보고 수정하면서 끊임없이 '자신이 이러한 목표를 향해 뛰고 있다'라고 주입함으로써 의욕을 한층 고조시킬 수 있다. 목표를 메모하는 행위는 매우 중요하다.

미국의 한 기관에서 전형적인 중류계급의 경제력을 조사했다고 한다. 학력이나 수입 등의 조건이 같은 가족을 추적해서 조사한 결과, 한 무리는 풍요로운 삶을 영위하고 있는 반면 다른 한 무리는 가계가 파산 상태였다고 한다. 원인은 단 한 가지였다. 전자는 수입과 지출을 정확하게 기록했지만, 후자는 무계획적으로 살았다. 요컨대 현재 상태나 미래에 대한 계획을 꾸준히 메모함으로써 돈 씀씀이를 명확히 해 불필요한 지출을 막아야 한다.

인생과 비즈니스 모두 마찬가지다. 기록을 하면 계획의 진행 상황을 손쉽게 확인할 수 있다. 인간은 망각의 동물이다. 그래서 망각에 제동을 거는 장치가 필요한데, 그것이 바로 기록하는 습관이다. 그것은 가장 손쉽고 효과적인 방법이다.

목표를 기록하면 일상적으로 메모하는 습관까지 덤으로 기를 수 있다. 사람은 뭔가를 들으면 그것을 8시간 안에 50% 이상 잊는다고 한다. 게다가 기억한 내용을 다시 되살리지 않으면 한 달 안에 95%를 망각하므로 자신의 기억력을 과신해서는 안 된다.

미팅에 출석할 때나 상사에게 지시를 받았을 때에는 반드시 메모를 해두어라. 그렇게 하면 다음과 같은 이점을 얻을 수 있다.

① 건망증을 방지한다.

② 기억이 변질되는 것을 막는다.

③ '나는 당신이 이야기하는 내용을 중요하게 생각한다'는 무언의 메시지를 상대방에게 전달한다.

이기는 습관을 들여라

- 항상 새로운 것을 창조하며 가치를 변화시켜라
- 근면 성실하게 노력하라
- 적극적으로 사고하는 습관을 들여라
- 자신의 의견을 확실하게 말하라
- 올바르게 인사하는 습관을 들여라

3장
─ 강한 승부근성을 갖추기 위한 조건 ─

나는 대학을 졸업하자마자 셸(Royal Dutch Shell Group) 석유회사에 입사했다. 그리고 32살에 본사 기획과장 자리에 올랐다. 주위사람들이 모두 부러워할 정도로 빨리 출세를 했지만, 나는 회사에 대해 불만이 많았다. 그것은 당시 석유업계는 여러 가지 면에서 감독관청의 감시 하에 있어 매상과 점유율 신장, 이익 증진과 같은 비즈니스의 기본 목표를 열정적으로 실현하기 어려운 환경에 놓여있었기 때문이다.

감독관청들은 특히 외국계 기업을 심하게 압박했다. 당연히 외국계 기업의 사원은 아무리 열심히 분발해도 정해진 자원 배분 안에서 이익을 최적화할 수 있을 뿐이었다. 혈기 왕성한 나는 '설령 다쳐서 피가 나올지라도 좀더 위험한 모험을 하고 싶다. 과감히 업무를 진행하고 싶다'라고 생각했다. 그러나 나의 열정은 철저히 무시당했다.

능력을 마음껏 발휘하지 못해 답답해하던 나에게 일본 코카콜라에 근무하던 한 선배가 때마침 스카우트 제의를 해왔다. 그 당시 일본 코카콜라는 지금처럼 입지를 굳히지 못한 상태였다. 그래서 여러 사람이 "지금도 충분히 인정을 받고 있잖아. 안정된 직위에서 그에 맞는 수입을 얻고 있는데 굳이 자청해서 모험을 할 필요가 있는 거니?"라고 만류했다.

그러나 나는 회사를 옮기기로 결심했다. 그 상태로는 스스로 매너리즘에 빠져 아무런 발전도 하지 못할 것이라 판단했기 때문이다. 물론 젊은 혈기에 나소 충농적으로 행동하기도 했다.일본 코카콜라로 옮긴 후 다시 존슨 앤 존슨으로 이직했다. 당시 나는 '45살에 기업의 대표가 되자'라는 확실한 목표를 이루고자 전직을 단행했다. 그 결과 실제로 목표를 달성할 수 있었다.

그러나 현실적으로 생각해보면 성공적으로 이직한다는 것은 결코 만만한 일이 아니다. 물론 이직을 희망하는 것은 자유다. 그러나 회사를 옮기는 문제를 본격적으로 고심하기 시작하면 스스로 그 이유를 이해할 수 있을 때까지 파고들어야만 한다. 충분히 생각을 거듭한 끝에 실제로 행동에 옮길 수 있는 사람만이 기회를 잡을 수 있다.

이직이란 인생의 목표를 달성하기 위한 수단일 뿐 그것 자체가 목표는 아니다. 현재 근무하는 회사에서 조금이라도 자신의 목표를 이룰 만한 가능성이 보인다면 결코 이직을 꿈꾸지 마라. 어느 정도 자신의 능력을 펼칠 수 있는 환경이라면 차라리 소소한 노력을 거듭하는 편이 목표를 달성하는 지름길이기 때문이다.

이직의 6대 원칙

나는 이직을 함으로써 좀더 빨리 성공의 길에 들어섰다. 나는 이직을 결정하기 전에 반드시 다음과 같은 사항을 확인한다. 그것은 내가 만든 '이직의 6대 원칙'이다. 이직할 회사가 제안하는 조건이 다음 원칙에 부합되는지 검토해보라.

① 회사를 사직하는 분명한 이유가 있는가?

일단 이직을 희망하게 되면 마음이 그쪽으로 쏠리기 때문에 자칫 정신을 차리지 않으면 그릇된 판단을 할 수 있다. 그래서 자신이 회사를 옮기려는 이유를 냉정하게 분석해야 한다. '분명한 이유'란 그 누가 이직 사유를 물어도 당당하게 대답할 수 있는 것을 말한다. 또한 경력을 쌓는 데 도움이 되는지 분석해야 한다.

② 이직할 회사를 평가하라.

차분하게 시간을 들여 이직을 희망하는 회사를 조사하라. 그 회사의 실적과 관련된 기본적인 자료뿐만 아니라 기업이념, 장기전략 등을 확실히 이해할 때까지 알아본다. 또한 그 회사에 근무하는 담당자들과 적어도 3명 이상과 여러 번 만나 자신의 눈과 귀로 보고 들으며 피부로 느껴야 한다. 이때는 사장이나 중요한 위치에 있는 책임자와 다만 몇 번이라도 만날 수 있는 방법을 연구하는 것이 좋다.

③ 잡호퍼로 전락하지 마라.

전직은 자신의 인생 목표를 향해 한 발을 내딛는 데 반드시 도움이 되는 것이어야 한다. 단지 근무하는 회사에 싫증이 난다는 이유로 계속해서 업종을 바꾸는 사람이 되어서는 곤란하다. 이직에 대해 거부반응이 적은 미국인들조차도 이런 유형의 사람을 잡호퍼(job-hopper, 직장을 전전하는 사람)라 부르며 야유를 보낸다. 한 회사에서 가시적인 성과를 거두려면 적어도 10년은 걸린다. 적어도 5년에서 10년 정도는 최선을 다해 일해야만 자신이 선택한 회사에 책임을 다하는 것이다.

발전적인 퇴사? 퇴보하는 퇴사?

④ 뒤로 물러나는 전직은 하지 마라.

사표를 냈을 때 "다시 한 번 생각해줄 수 없겠나?"라고 상사가 만류하는 사람이라면 대체로 이직에도 성공한다. 그러나 비겁하게 도망치듯 회사를 옮겨서는 결코 안 된다. 이전 회사에 빚을 지고 있다는 기분으로 이직을 하면 새로운 회사에서도 자신감을 가지고 일하기 어렵다. 그러므로 적어도 회사에 어떤 책임도 느끼지 않을 수 있는 상태가 되고 나서 이직을 단행하라.

⑤ 자신의 이직으로 말미암아 다른 사람에게 폐를 끼치지 마라.

모 회사의 대표 이사가 들려준 이야기다. 회사 직원 중 한 명이 자동차 창고를 도입할 것을 제안해서 그의 의견을 수렴해 프로젝트에 착수했다.

그러나 그는 프로젝트의 전모가 조금씩 드러날 즈음에 돌연 사표를 제출했다. 창고 건물과 시스템 모두 완성되지 않았을 뿐만 아니라 후임조차 없었으므로 회사에서는 당연히 일대 소동이 벌어졌다. 그 소식은 관련 업체에 일파만파로 퍼졌다. 결국 그가 이직한 회사에까지 전해져 그에 대한 평가가 하루아침에 곤두박질쳤다.

물론 회사를 그만둘 때는 마찰을 빚게 마련이다. 그렇기 때문에 자신이 맡은 바 임무를 충분히 끝낸 뒤에 시기적으로 적당한 때에 이직을 해야 한다.

⑥ 발전적인 이직을 하라.

'발전적' 이라는 의미는 지위나 수입, 회사의 수준이 향상된다는 말이다. 그러나 종합적으로 봤을 때는 결국 자신이 성장할 수 있는 전직을 하는 것이 바람직하다. 예컨대 회사 수준은 올랐지만 자신의 지위가 떨어졌다면 이직 조건이 좋지 않은 것이다. 오히려 이직한 회사에서 더 나은 직위를 차지하려면 치열한 경쟁을 해야 하기 때문에 이전보다 더 나쁜 상황에서 일할 수도 있다.

거듭 강조하건대 성공적으로 이직하는 일은 매우 어렵나. 한 조사에 따르면 이직 경험자 가운데 겨우 14%만이 '이직하기를 잘했다' 라고 대답했을 정도니까 말이다.

성공적인 이직자가 되고 싶은가? 그렇다면 우선은 내가 제시한 '이직의 6대 원칙' 을 만족시킬 수 있는 사람이 되고자 노력하라. 그렇게 하면 자신의 실력이 향상되어 이직을 하지 않고도 지금의 회사에서 자신의 목표를 이룰 수 있다.

이러한 습관이 스스로 무책임하게 '퇴보하는 이직'을 선택하지 않게 지탱해준다.

현상은 바뀌어야 한다

'기업가 정신(起業家 精神, entrepreneurship)'이라는 말이 있다. 일본의 대기업(big business)에는 사내에서 벤처를 육성하는 제도 등을 마련하고 있는데, 이처럼 기업 내에서 기업가(起業家) 육성을 제도화한 회사가 여러 곳 있다. 회사에서는 사원들이 기업가적인 능력을 습득하기를 바란다. 또한 기업가 정신이 확립된 사람만이 변화에 신속하게 대응해 남들보다 한발 앞설 수 있다.

그렇다면 기업가 정신이 투철한 사람은 어떤 유형일까?

우선 이 유형의 사람들은 사람이나 사물을 바라볼 때 그것을 '골치 아픈 문제'가 아니라 '성공을 위한 기회'로 삼는다.

예컨대 신발 세일즈맨 2명이 아프리카 오지에 시장 조사를 하러 간 유명한 이야기가 있다. 이 중 1명은 "현지인은 모두 맨발이므로 신발을 팔 가능성은 전혀 없다. 그냥 다음 비행기 편으로 돌아가겠다"라고 체념했다. 그러나 다른 1명은 "신발을 팔 가능성은 무한대이므로 어서 빨리 신발 50,000켤레를 보내라. 현지인은 모두 맨발이다"라고 본사에 연락을 했다.

이 일화는 어떤 시점으로 현상을 바라보는가에 따라 결과가 많이 달라진다는 사실을 단적으로 보여주고 있다.

기업가란 기본적으로 '신발 50,000켤레를 보내라'라고 말하는 유형이다. 그들은 항상 새로운 것을 창조하며 가치를 변화시킬 줄 안다. 정치경제학자인 슘페터(J.A.Schumpeter)가 주장했던 '창조적 파괴'를 단행하는 사람들이 바로 이 유형에 속한다. 그들은 변화를 추구하며 '현상은 바뀌어야 한다'라고 생각하며 변화를 관리하는 능력까지 습득하고자 한다.

지금은 이미 고전이 되어버린 『일렉트릭 컴퍼니(Electric company)』의 저자 톰 피터스(Tom Peters)는 그의 저서인 『톰 피터스 강연(Tom Peters's Seminar)』에서 '변화가 아니라 변혁을 해야 한다'고 강조했다. 그의 주장에 따르면 기업가란 위험을 감수하는 용기가 있을 뿐만 아니라 그 위험을 관리하는 방법까지 알고 있는 사람이다.

그런데 우리 사회에서 진정한 기업가는 전체 비즈니스맨 가운데 고작 2~3%에 불과하다. 또한 그 범위에 속하는 사람 중에서도 결과적으로 성공을 거둔 경우는 약 절반 정도로 운도 따라야 한다.

나는 현 시대를 특징짓는 결정적인 요소가 바로 '변화(change)'라고 느끼고 있다. 세계를 비롯해 일본은 경제, 유통, 기술, 소비성향, 정치 등 모든 분야에서 큰 변화의 바람이 불기 시작했다. 이처럼 비즈니스 환경이 격변하는 시기에는 기업가 정신으로 무장하고서 변화를 주도할 수 있는 '체인지 에이전트(Change Agent, 변화 담당자)'가 절대적으로 필요하다.

일본의 음유시인 마쓰오 바쇼가 내세운 '불역유행(不易流行, 변화하는 것 속에서 시대에 따라 변화하지 않는 것을 함께 노래한다는 의미)'라는 말이 있다. 이 개념처럼 80%를 차지하는 '변화하지 않는' 부분을 충분히 인식한 후에 나머지 '변화하는' 부분인 20%에 적극적으로 매달려야 한다. 그러한 마음가짐과 능력이 바로 기업가 정신이다.

설령 일류 기업가가 되지 못하더라도 남들보다 한 발 더 앞서 나가려면 기업가 성신을 습득하기 위해 최선을 다하라.

기업가 정신을 일깨워라

내가 알고 지내는 3명의 기업가가 있다.

그 가운데 1명은 하코다 다다아키 씨다. 그는 게이오 대학을 졸업한 뒤 미국의 대학원을 거쳐 현지의 코카콜라와 미국의 세계적인 화장품 회사인 에스티 로더(Estee Lauder)에서 근무했다. 귀국 후 그는 젊은 나이에 입생 로랑(Yves Saint Laurent)의 일본 지사장으로 취임했다. 지금은 독립해서 대화법과 인간관계 및 사기 진작 요령 등을 주제로 한 컨설팅 회사인 인사이트 러닝(Insight Learning)을 경영하고 있다.

다음으로 모치다 데르야스 씨는 코카콜라와 펩시 등의 외국계 회사에서 경험을 쌓은 뒤, 몇 군데 외국계 기업의 대표를 역임했다. 이러한 일련의 과정을 거친 뒤 비로소 본인의 숙원대로 독립을 해서 현재 (주)라이트핸즈 인터내셔널(Right Hands International) 대표이사로서 기업의 경영 연수, 마케팅 지도 등으로 매우 분주한 나날을 보내고 있다.

마지막 인물은 마타무라 히로시 씨다. 하코다 씨와 마찬가지로 게이오 대학 출신으로 일본 아이비엠(IBM)에서 능력개발 부장을 거친 뒤 휴먼 매니지먼트(Human Management) 연구소를 설립했다. 이 회사는 인간관계로 인한 문제 가운데 특히 외국계 기업의 인사문제를 중점적으로 컨설팅한다.

위의 기업가 3명과 이야기하다보면 다음과 같은 몇 가지 공통점을 발견할 수 있다.

첫째, 3명 모두 강한 정열을 가지고 자신이 흥미를 느끼는 대상이 나타나면 그것을 자신의 전문 분야로 만들기 위해 매진한다는 점이다. 그리고 대체로 그 정열이나 흥미를 이상 혹은 신념의 단계로까지 끌어올린다. 그들에게는 한 번뿐인 인생을 '최선을 다해 살겠다'는 의지가 뼛속까지 박혀 있다.

둘째, '언제까지 이렇게 되고 싶다'는 뚜렷한 목표를 지니고 있다. '목표를 지닌 사람은 나이를 먹지 않는다'라는 말이 있지만 3명 모두 도저히 50대라고는 보기 힘들 정도로 젊음을 유지한 채 늘 주위 사람들에게 활기를 준다.

셋째, 경험을 쌓은 뒤 독립해서 회사를 설립했다. 창립 시기는 비즈니스맨으로서 대성공을 거둔 뒤라는 점도 같다.

넷째, 운동을 열심히 해 늘 건강하다.

다섯째, 모두 '인품'이 넉넉하다. 그들은 매우 자신감이 넘치는 사람이지만 늘 겸손하게 다른 사람들을 대한다.

위의 5가지 공통점을 근원적으로 따져보면, 성공한 기업가는 자아실현에 대한 강한 욕구와 그것을 실현하는 데 필요한 기술과 인격을 겸비했다. 그들은 상대방까지 자극을 받고 충전될 정도로 늘 강한 에너지를 뿜는다.

여러분도 시대를 한 발 앞서 간 기업가들을 본받아 성공으로 가는 발걸음을 힘차게 내딛어라.

비즈니스는 능력의 활용장이다

비즈니스맨으로서 남들보다 앞서려면 변화하는 상황에 민첩하게 대응해야 한다. 그러한 대응력을 습득해 지금의 회사에서 그것을 개성으로 발휘하라.

우선 정보 매니지먼트 능력을 배워라. 이 능력을 갖추려면 정보 수집, 정보 분석, 정보 발송의 3가지 습관을 들여야 한다. 이 3가지 습관을 알아보자.

① 첫 번째 단계 – 정보 수집

먼저 MBWA(Management By Walking Around, 근무현장을 수시로 방문하는

현장 경영 스타일)를 참고하라. 미국의 저명한 경영학자인 피터 드러커 (Peter Drucker) 교수는 '비즈니스의 모든 기회는 회사 밖에 있다. 회사 안에 있는 것은 오직 비용뿐이다'라고 지적했다.

경영자에게는 절대적으로 MBWA 능력이 필요하다. 예를 들어 고객을 방문해 직접 고객의 목소리를 들은 후 영업소로 돌아와 자신의 영업 활동을 확인하거나 자신의 눈으로 공장이나 점포를 확인하며 현장 경영을 해야 한다.

MBWA는 현재 말단 사원이라도 자신의 능력을 신장시키고자 하는 마음이 있다면 반드시 습득해야 하는 항목이다. 될 수 있는 대로 회사 밖으로 자주 나가 살아 있는 신선한 정보를 습득하는 행동 습관을 확립하라. 정보라는 강력한 무기를 잘 활용하면 자신만의 색깔을 지닐 수 있다.

그러나 세상에는 상사의 눈치만을 살피는 '넙치형 비즈니스맨'도 있다. 넙치형이란 눈이 항상 위쪽으로만 향해 있을 뿐 아니라 한쪽으로 지나치게 치우쳐 있기 때문에 붙여진 명칭이다. 상사가 뭔가 지적할 낌새를 맡으면 그와 동시에 자신을 바꾼다고 해서 '카멜레온형'이라고노 한다. 항상 사무실에만 웅크리고 있는 모습을 비꼬아 '오소리형 비즈니스맨'이라고도 부른다.

이기려면 많이 버려라

② 두 번째 단계-정보 분석

첫 번째 단계에서 열심히 정보를 수집했으면 그 다음에는 그것을 분석하라. 그런데 이 단계에서는 정보가 지나치게 많다는 점이 문제가 된다. 우리는 정보의 홍수 속에서 허우적거리다 못해 심지어 소화 불량에 걸릴 위기에 처해있다. 자신이 정보를 사용하는 것이 아니라 마치 정보가 자신을 갖고 노는 것처럼 말이다. 그래서 정보의 질을 살펴본 후 그것을 취사선택하는 과정이 필요하다.

정보 분석을 잘 하려면 산재해 있는 것들 가운데 '정말로 필요한 것'의 기준을 설정해 중요하다고 판단되는 것만을 엄선해야 한다. 선택되지 못한 정보는 과감히 버려라. 자신에게 필요한 정보와 그렇지 않은 정보를 구별하는 습관을 들여야만 정보의 노예가 아니라 정보를 올바르게 활용하는 주인으로 살아남을 수 있다.

정리의 기본은 버리는 것이다. 정보 관리도 마찬가지다. 바꿔 말해 많이 쓰는 것은 수시로 버려라. 물론 어떤 정보라도 자신이 그것을 '행동'으로 옮기지 않으면 아무런 소용이 없다.

또한 앞에서도 설명한 '다장근(다면적, 장기적, 근본적)'의 기술을 정보를 분석하는 데도 활용하면 좋다.

③ 세 번째 단계-정보 발송

정보를 발송할 때는 그것을 필요로 하는 상대에게 제대로 전달해야 한다. 자신이 아무리 훌륭한 정보를 보냈더라도 상대방이 그것을 올바르게 이해하지 못하면 아무런 의미가 없다.

한 심리학자의 실험에 따르면 상대방에게 정보를 전달한 경우에 그 사람은 고작해야 전체 내용의 70%만을 이해한다고 한다. 그러므로 정보를 발송할 때는 다음과 같은 유의사항에 따라야 한다.

    ㉠ **상대방에게 파장을 맞추어라** : 상대방이 이해할 수 있는 표현과 언어를 사용한다.

    ㉡ **몇 번씩 반복하라** : 특히 중요한 정보는 반복해서 발송해 상대방이 정확하게 이해했는지 확인한다.

    ㉢ **구체적인 숫자를 증거로 내세워라** : 정보를 가공한다는 의미로, 그 중에서도 논리성과 수치 근거를 제공하는 편이 효과적이다.

    ㉣ **전달 목적을 의식하고 발송하라** : 단순한 의미의 전달인지, 지시나 명령인지, 사기를 고무하려는 의도인지 등으로 발신 목적을 달성할 수 있는 방법을 고안한다.

강력한 라이벌을 제압하는 방법

그린필드 컴피티터(Greenfield Competitor, 초원의 경쟁자)라는 말을 들어본 적이 있는가? 그것은 일본 경영력연구소의 대표이사인 쓰나시마 구니오

씨가 자신의 저서인 『성공의 복수』에서 소개한 매우 흥미로운 경영 개념이다.

그린필드 컴피티터란 단어는 일본의 자동차 기업들이 1970년대 중반 미국의 시장을 개척하기 시작하면서부터 등장했다. 『성공의 복수』에는 다음과 같은 문구가 나와 있다.

「일본의 자동차 기업들은 기존과는 전혀 다른 비용 구조나 품질 수준으로 이느 날 갑자기 우주에서 날아왔다. 그들은 아무도 없는 초원에 회사를 차리고 시장을 장악해갔다. 그 모습을 보며 당시 미국 자동차 3사의 수뇌들은 그들을 깔보면서도 일말의 불안을 느끼면서 그들을 그린필드 컴피티터라 불렀다.」

일본의 자동차 기업들이 여타 기업과 같은 경영자원과 경쟁원리로 미국 대기업과 맞서 싸웠다면 아마도 살아남지 못했을 것이다. 그러나 일본의 그린필드 컴피티터들은 기존의 상식을 뛰어넘는 혁신적인 가치관과 기업 목표, 전략, 사업운영 구조, 조직 체계, 인재, 기업문화 등을 갖추고 대응했기 때문에 미국 자동차 시장을 잠식할 수 있었다. 현재 미국 경제를 이끄는 원동력 역시 마이크로소프트(MS) 등으로 대표되는 그린필드 컴피티터들이라는 사실도 주목할 만하다.

예를 들어 피자 배달 전문 업체인 도미노 피자(Domino Pizza)는 '맛좋은 피자를 30분 안에 배달한다' 는 뚜렷한 목표를 내세워 피자 업계를 강타했다. 그들은 만약 고객이 피자를 먹어보고 "맛이 없다"라고 이의를 제기하면 다른 피자와 교환해주거나 환불해준다. 또한 30분 이내에 배달하지 못하면 피자 값을 할인해준다는 파격적인 제안을 했다.

그래서 그들은 단시간에 배달을 하기 위해 조리 순서와 점포 지역을 설정하고 배달원이 가장 빨리 움직일 수 있는 상세한 지도를 구비하는 등, 세심한 주의를 기울였다. 도미노 피자는 '목표를 확고히 세우면 기업 체제도 훨씬 선명하게 설계할 수 있다' 는 성공 기치를 달성한 셈이다.

그렇다면 기업 운영의 그린필드 컴피티터라는 개념을 여러분의 평소 생활에 적용시켜 보면 어떨까? 즉 자신의 인생에도 확실한 목표를 세우고 그것을 실천하자는 말이다.

나 역시 '45살에 기업의 경영자가 되자' 라는 목표를 세운 뒤 구체적인 행동 계획을 구상했다. 그 첫 걸음으로 나는 데일 카네기 코스나 매니지먼트 세미나에 신청을 했다. 또한 업무를 통해 실무 영어능력을 갈고 닦으며 연간 주요 목표를 세우는 등으로 차근차근 단계를 밟아나갔다.

성공한 그린필드 컴피티터들은 하나같이 기존의 관념과 상식을 깨트렸다. 여러분도 그들처럼 자기만의 체제를 치밀하게 설계하고, 그것을 통해 성공이라는 모험에 과감하게 도전하라.

패자는 회사와 더불어 성장한다

사내에서는 디렉터(director, 지시나 명령을 내리는 사람)가 되라. 그것은 일반 비즈니스맨들이 '지금 내 위치는 어디인가? 또 나는 어느 지점을 향해 나아가는가?' 라는 방향성을 명확히 하는 데 유효하다. 자신이 상사의 위치에 있다면 부하 직원 개개인에게 현상과 장래를 제시해야 한다. 다시 말해 훌륭한 디렉터가 되려면 부서 전체의 현상을 정확하게 전달하고 장래의 방향성을 알려주는 습관을 들여야 한다는 말이다.

그리고 부서의 방향은 회사의 방향과 서로 일치되어야 한다. 일반 비즈니스맨들은 자신의 목표가 부서 혹은 회사의 목표와 맞아떨어지는지 수시로 질문해야 한다.

그린필드 컴피티터란 남들과 다른 사고방식으로 명확한 목표를 달성해 주위 사람들과의 차별화를 꾀하는 사람들이다. 그들은 남들과의 차별화로 결코 회사나 조직을 혼란시키지 않는다.

사람은 아무리 눈앞에 불평이나 불만거리가 쌓여있어도 멋진 미래와 그에 따른 방향성이 확실하다면 앞으로 전진하려는 욕구가 있다. 이런 의미에서도 반드시 명확한 목표를 세워야 한다. 목표를 설정할 때는 회사와 자신의 목적이 같은 범주 안에 있어야 한다. 또한 추상적인 목적이 아니라 구체적이고 수치로 나타낼 수 있는 목표를 세우는 편이 바람직하다.

내가 만들어낸 말 중에 '근면 성실이 성공의 비결이다' 라는 문구가 있다. 그것은 한눈팔지 않고 자신의 목표를 향해 꾸준히 전진하는 것이 바로 성공의 지름길이라는 의미다.

그린필드 컴피티터나 디렉터라 하면 뭔가 거창한 모습을 연상할지 모른다. 그러나 실제로 그들은 목표를 세우고 그것을 이루기 위해 꾸준히 노력했기 때문에 좌절할 수 있는 상황에서도 자신을 지탱할 수 있었다.

나는 지금까지 몇 가지 성공 습관을 습득했다. 그 습관이란 스스로 쉬지 않고 열심히 노력하는 것만이 성공하는 길이라고 믿고서 나태해지거나, 조바심을 내거나, 포기하지 않고 오로지 한 걸음씩 전진했던 것을 말한다.

남들보다 한 발 더 앞서 나가려면 '근면 성실이 성공의 비결'이라는 사실을 명심하라.

4장
자신의 의지를 관철시키는 방법

    일본의 유명한 여가수 미소라 히바리는 '이기려고 생각지 마라. 그렇게 생각하는 순간 질 테니까'라고 노래했다. 또한 유도에서는 몸이 딱딱하게 경직되면 이기기 어려우므로 정신을 집중해 무심의 상태에 도달해서 제 기량을 발휘하라고 가르친다. 그러나 유도의 세계에서는 유연함이 통할지 모르지만, 비즈니스 업계에서는 결코 그렇지 않다. 나의 경험에 비추어보면 '이긴다고 생각하라. 그러면 이길 것이다'가 맞는 말이다.

    골프의 황제라 불리는 잭 니클라우스는 필드에서 볼이 그리는 궤도나 날아가는 모양, 낙하지점 등을 머릿속에서 일단 그려본 후에 스윙을 한다고 한다. 자신이 바라는 패턴을 이미지로 연상한 뒤에 플레이를 하면 신기하게도 그대로 실현되었던 것이다.

    니클라우스의 예는 이미징(imaging)의 중요성을 시사하고 있다. 그러므로 자신이 성취하고자 하는 일을 할 때는 항상 '승리'라는 강한 이미지를 머릿속에 심어두라. 다시 말해 매니지먼트가 아니라 이미지먼트(imagement)를 하라는 말이다.

사람은 '생각'에 따라 승자가 될 수도, 패자가 될 수도 있으므로 적어도 업무에 대해서는 늘 '이긴다'는 자세로 임해야 한다.

긍정적인 이미지먼트를 하라

그렇다면 누구와 싸워서 이길 것인가? 우선은 자신과의 싸움에서 승리해야 한다.

사람이 사물이나 사건에 대응하는 자세는 대체로 동전의 양면처럼 이분법적으로 나뉜다. 즉 긍정적인지 부정적인지, 혹은 명확한지 불명확한지, 적극적인지 소극적인지, 자신의 책임인지 다른 사람의 책임인지, 혁신적인지 보수적인지, 낙관적인지 비관적인지 등등으로 말이다.

그러므로 자신에게 이기려면 긍정적이고 명확하며 적극적이고 문제를 자신의 책임으로 전가하며 혁신적이고 낙관적인 쪽으로 사고방식의 기축(機軸)을 옮겨야 한다. 그렇게 생각을 전환하는 습관을 들임으로써 행동의 결과는 크게 달라진다.

비관적인 성격을 지닌 사람에게 낙관주의자가 되라고 말하는 것은 힘든 일일지도 모른다. 그렇다고 해서 쉽게 포기해서는 안 된다. 『도연초(徒然草)』는 승려 요시다 겐코가 쓴 일본의 대표적 고전 수필로 인생무상의 철학을 흥미롭게 그리고 있다. 『도연초』에는 다음과 같은 구절이 나온다.

「악인의 흉내를 낸다고 해서 사람을 죽인다면 자신도 역시 악인이 된다. 천리를 달리는 준마를 흉내 내는 말은 준마에 속하고, 훌륭한 성천자 순임금을 흉내 낸다면 그는 역시 순임금과 동급이 된다. 거짓이라도 덕을 배우는 사람은 이미 현자다.」

그러므로 매사를 낙관적으로 생각하려고 노력하라. 설령 낙관적인 마음이 들시 않더라도 그러한 마음가짐을 지니고 있으면 낙관주의자로 가는 길에 한 걸음 내딛는 것이다. 적어도 주위 사람들에게는 낙관주의자처럼 보이기 때문이다. 사람은 대체로 타인이 자신을 낙관주의자로 인식하면 점점 그렇게 변한다.

성서에는 다음과 같은 구절이 있다.

「네가 지금 무언가를 바란다면 그것은 이미 이루어진 것과 같다. 소원을 품으면 그대로 될 것이다.」

자신과의 싸움에서 이기려면 스스로 자신이 원하는 모습을 이미징하는 연습을 하라. 그것이 습관으로서 자리 잡으면 어느새 자신이 바라던 모습에 가까워져 있을 것이다. 이미징에 성공하느냐 실패하느냐는 종이 한 장 차이다. 자신이 바라는 이미지를 정확하게 '주입' 해야 성공할 수 있다는 사실을 명심하자.

대범하게 생각하면 행동도 그렇게 변한다. 반면 소심하게 생각하면 행동도 좀스럽기 마련이고, 자신이 남들보다 열등하다고 생각하면 정말로 못난 사람이 된다. 그러므로 머리부터 발끝까지 자신감으로 무장을 하고서 대범하게 생각하라. 매사를 긍정적으로 이미지화하다보면 자연스레 생각도 대범해진다. 그래서 긍정적으로 이미징하는 습관이 중요한 것이다.

승자와 패자를 구분하는 사소한 입버릇

처음에 입사를 하면 동기들의 실력이 모두 엇비슷하다. 그러나 5년 혹은 10년이 경과함에 따라 개개인의 역량과 출세 면에서 큰 차이가 나타나기 시작한다. 거듭 강조하지만 목표가 있느냐 없느냐에 따라 그 차이가 생긴다. 또한 자신이 기본적으로 성취 욕구가 있는지 없는지에 따라서도 실력 차이가 벌어진다.

사람은 자신의 생각을 관철시킴으로써 진정한 승자가 될 수 있다. 이를테면 다음과 같은 상황을 연상해보자.

"이번에는 운이 좋았어(긍정적)"라며 상황을 마무리 짓고 다음 번에는 운에 의존하지 않고 좀더 좋은 결과를 내려고 하는 사람과 "나는 역시 운이 없어(부정적)"라고 체념하는 사람이 있다. 이 둘 가운데 다음 번에 업무를 성공시킬 가능성이 더 큰 사람은 어느 쪽일까?

상사의 지시에 "하겠습니다, 할 수 없습니다(명확)"라고 의사를 표시하는 부하직원과 "음……, 글쎄요(불명확)"라고 모호하게 대답하는 부하가 있다. 자신이 상사라면 어느 부하직원에게 일을 맡기겠는가?

"무슨 수를 써서든 시간을 내겠습니다(적극적)"라고 시간을 조정해 도전적으로 새로운 업무에 임하는 사람과 "시간이 없어서 못 하겠습니다(소극적)"라고 회피하는 사람이 있다. 어느 쪽의 실력이 향상될까?

업무상 과실에 대해 "제 책임입니다(자신의 책임)"라고 책임을 지고 그 문제를 해결하려는 사람과 "제 책임이 아닙니다(다른 사람의 책임)"라고 다른 사람에게 책임을 전가하는 사람이 있다. 이 둘 중에서 주위 사람들에게서 신뢰를 얻는 사람은 누굴까?

전례가 없는 난관에 봉착했을 때 "전례가 없으니 해보자(혁신적)"라고 도전하는 사람과 "전례가 없기 때문에 할 수 없어(보수적)"라고 쉽게 포기하는 사람이 있다. 누가 더 역량이 있는 사람으로 성장할까?

이와 같이 평소 업무를 할 때나 과실, 장해와 같은 문제에 봉착했을 때 생각에 따라 행동 양상이 크게 달라진다. 업무를 하다보면 끊임없이 선택할 일이 생긴다. 지금은 전혀 능력 차이가 없더라도 매일 그릇된 선택을 하면 시간이라는 필터가 지나간 자리에 분명한 실력 차이가 남게 마련이다.

나의 경험에 비추어보면 승자는 대체로 긍정적이며 명확하고 적극적이며 자신에게 책임을 돌린다. 또한 혁신적이며 낙관적인 '승자의 언어'를 구사하는 습관이 강하다. 평소에 자신이 무심코 내뱉는 '입버릇'을 점검해보라. 그 결과 자신이 매사에 부정적이고, 불명확하며 소극적이고 남의 탓을 하는 데다 보수적이며 비관적인 '패자의 언어'를 수시로 구사한다면 당장 그러한 습관을 버려라. 단지 '입버릇'을 바꿈으로써 자신의 행동이 크게 달라지는 것을 느낄 수 있을 것이다.

물이 반 정도 들어있는 물 컵을 보고서 '물이 반밖에 들어있지 않다'라고 생각하는 것이 바로 부정적인 사고다. 반면에 '물이 반씩이나 들어있다'라고 생각하는 사람은 긍정적으로 사고하는 것이다. 사람은 의식하지 못하는 사이에 부정적으로 사고하기 쉽다. 그래서 의식적으로 사람이나 사물에 대해 긍정적으로 생각하는 습관을 들여야 한다. 성공하는 비즈니스맨은 공통적으로 긍정적이며 늘 밝은 사고를 한다. 그들처럼 매사를 긍정적으로 생각하다보면 어느새 자신도 성공하는 무리의 일원이 되어 있을 것이다.

구차한 변명을 늘어놓지 마라

몇 년 전에 미국에서 유행한 전단 광고가 있다. 그 벽보에는 다음과 같은 변명 리스트가 번호 순서대로 나열되어 있었다. 나쁜 사례로 소개하는 것이므로 타산지석으로 삼아라.

① 저희 부서 책임이 아닌데요.

② 그렇게 급한 건인지 몰랐어요.

③ 아무도 저에게 그런 일을 시킨 적이 없는데요.

④ 업무 지시서(job order)에 적혀 있지 않았는데요.

⑤ 이번 업무가 특히 중요한 건지 몰랐는데요.

⑥ 너무 바빠서 도저히 시간을 낼 수가 없었어요.

⑦ 그렇게 중요한 업무라고는 생각지 못했어요.

⑧ 그 정도면 충분할 거라고 생각했어요.

⑨ 이미 보고했다고 착각했어요.

⑩ 겨우 오늘 아침에 지시를 받았는데요.

⑪ 어차피 잘 안 될 일이었어요.

⑫ 깜빡 했어요.

사원이 이런 유의 말을 늘어놓는 비율과 그 회사의 활성도와는 역 상관 관계에 있다. 그것은 개인의 경우에도 마찬가지다. 구구절절 변명을 늘어 놓는 사람은 실속이 없다. 자신을 활성화시키려면 이러한 발언을 전면 부정하고 이와는 반대로 생각하는 습관을 들여라.

미국의 비즈니스맨에게 배운 나만의 대항방법

나는 제트로(JETRO, 일본무역진흥회)와 현지 상공회의소의 의뢰로 미국을 비롯해 세계 각국에서 강연을 해왔다. 미국에서 강연을 할 때는 당연히 영어로 의사를 전달해야 한다. 그래서 어떻게 하면 자신이 생각하는 내용을 '올바르고, 효과적으로' 전달할 수 있을지에 대해 고심했다. 그 결과 일본인과 미국인에게는 의사소통 태도에 큰 차이가 있음을 깨달았다. 이것은 비단 일본뿐만 아니라 동양의 여러 나라에도 같이 적용되는 이야기다.

일본인인 나는 무슨 말을 하든 상대방의 처지에서 이야기를 한다. 예컨대 강연을 할 때도 '미국은……' 이 아니라 '미국의 경우에는……' 이라고 예를 드는 식으로 말을 한다. 그것은 미국을 정확하게 꼬집어 이야기하는 것은 상대를 배려하지 않는 행동이라고 생각하기 때문이다. 그러나 비즈니스맨이 업무상 대화를 할 때는 미국인들처럼 자신의 처지에서 딱 부러지게 이야기하는 편이 바람직하다.

대화를 할 때 주체가 자신인지 아니면 상대방인지에 따라 결과는 많이 달라진다. 다음으로 요즘 유행하고 있는 '커뮤니케이션론(論)'을 소개하겠다.

① 논리 VS 감정

미국의 비즈니스맨은 수치를 근거로 내세워 논리적으로 이야기하는 것을 좋아한다. 영어에는 "모쪼록 잘 부탁드립니다"처럼 감정에 호소하는 표현이 없다. 그것은 그러한 사고방식 자체가 미국인에게는 없기 때문이다. 미국은 대통령이 연설을 할 때도 "○○정책으로 고용이 23만 명 증대했습니다"와 같이 정확한 근거를 제시한다. 그들은 상대방이 수치적인 근거나 사리에 맞지 않는 이야기를 하면 도저히 이해하지 못하겠다는 표정을 짓는다. 특히 중급 이상의 비즈니스맨과 대면하면 미국인의 예민한 계

수 감각에 깜짝 놀라는 일이 부지기수다.

그러나 미국인들이 매사를 숫자로 생각하는 습관은 본받을 만하다.

② 노 비코즈 VS 예스 벗

노 비코즈(No, Because 그렇지 않아요. 왜냐하면)와 예스 벗(Yes, But 맞아요. 그렇지만)이라는 표현이 있다. 나는 일본통인 미국인과 자주 이야기를 하는 경우가 있다. 이때 내가 무언가를 이야기하면 그는 "아이고, 또 일본인 특유의 예스 벗 화법이 시작 됐어"라고 놀린다. '일본어에는 노(No)라는 단어가 없다'라고 말할 정도로 일본인은 상대방에 대한 배려심이나 화합을 중시하는 문화 속에서 성장했다. 그래서 '노'라고 말하는 데 서툴다. 이러한 이유로 등장한 것이 '예스 벗 화법'이다. 대화를 할 때는 먼저 상대의 의견에 동조한 뒤에 본심을 드러낸다. 교섭의 테크닉으로 봤을 때는 꽤 좋은 방법이다.

한편 미국인은 '노 비코즈'처럼 결론을 명쾌하게 제시한다. 어찌 생각하면 너무 정떨어지게 말해 머쓱해질 정도로 말이다. 그런데 '노'라고 이야기를 시작하는 국가가 단지 미국만이 아니라는 데 문제가 있다. 전 세계적으로 대부분의 국가가 결론이 명쾌한 미국형이다. 그러므로 '예스 벗'은 교섭을 할 때만 사용하고, 그 외의 대화를 할 때는 '노 비코즈' 화법으로 상대하라.

항간에는 "일본인이 '예스'라고 말하면 '메이비(maybe, 그럴 수도 아닐 수도 있는)'를, '메이비'라고 하면 '노'를 의미한다. 그리고 정말 '노'라고 말하면 그는 이미 일본인이 아니다"라는 농담이 떠돈다. 세계 각국으로 뻗어나가려면 이러한 농담에 안주하지 말고 자신을 개선하기 위해 노력하라.

단도직입으로 말하라

③ 흑백논리법 VS 은유법

일반적으로 미국인은 완곡한 표현보다 직접적인 표현을 좋아한다. 뭔가를 이야기할 때는 그것이 흑(黑)인지 백(白)인지 핵심을 찌른다. 그러나 일본인의 대화방법은 추상적이며 모호한 경향이 강하다. 본뜻은 숨기고 빙빙 돌려서 대화하므로 상대방은 '본뜻은 당신이 알아서 찾아라' 라고 말하는 듯한 기분이 든다. 일본인의 처지에서는 상대방을 배려해 이심전심으로 통할 것이라는 판단에서 완곡한 표현을 쓰는 것이다. 그러나 국제적인 세미나와 같은 자리에서 일본식 대화방법은 결코 통하지 않는다. 세미나가 끝난 뒤에 미국인 동료가 나에게 다가와서는 "도대체 저 일본사람은 뭘 말하려는 거였어?"라고 묻는 경우가 종종 있다. 상황이 이렇다면 그것은 서로 대화를 했다고 볼 수 없다. 또한 일본인이 외국인과 지나치게 완곡한 표현으로 대화를 하면 자신이 주장한 의미와 상대방이 받아들인 내용이 전혀 다른 경우도 발생한다. 현대 비즈니스 업계에서 살아남으려면 완곡한 표현도 적당히 자제할 줄 알아야 한다.

④ 유머 VS 진담

일본인은 30분 이상 대화를 해도 도중에 농담이나 유머를 하지 않는 경우가 많다. 그 정도로 매사에 진지하다 못해 지나치게 고지식하다. 그래서 대부분의 미국인이 일본인에게는 농담이 통하지 않는다고 믿는다. 나의 유머 센스는 제법 미국인에 견줄 만하다. 그러나 나의 유머는 유머 센스를 일상생활이나 비즈니스를 할 때 긴장을 풀기 위해 활용하려는 미국인들의 노력에 비하면 하늘과 땅 차이다. 그러므로 특히 일본인은 끊임없이 농담 거리를 찾아 화기애애하게 대화하는 습관을 기를 필요가 있다.

⑤ 자기주장의 역학 VS 이해의 철학

내가 미국으로 부임하는 비즈니스맨이나 유학을 떠나는 학생에게 빼놓지 않고 조언하는 말이 있다. "미국에서는 될 수 있는 대로 자기주장을 확실히 하세요. 평소 자신이 주장하는 양보다 두 배 이상으로 해도 겨우 평균 미국인과 같을 정도니까요"라고 말이다. 미국에서는 상황에 관계없이 자기주장을 해야만 살아남을 수 있다. 미국은 자기주장의 역학이 아무런 거리낌 없이 통용된다. 일본 역시 미국과 같이 치열한 경쟁 사회이지만 그 경쟁심을 표면에 도출시키지 않고 은연중에 이해하는 풍토가 강하다.

하지만 비즈니스의 국제화가 진행되고 있는 현대에는 가끔은 지나칠 정도로 자기주장을 하라.

수치로 주장하고 인정에 호소하라

영국의 유명 작가인 오스카 와일드(Oscar Wilde)는 '인간은 본질적으로 자기중심적인 동물이다'라고 표현했다. 그래서 자기중심적인 상대에게 자신의 주장을 펼치려면 그 사람이 머릿속으로 생각하는 '내게는 어떤 이득이 있을까?(What is in it for me?)'라는 은밀한 본심을 알아내야 한다. 다시 말해 상대에게 뭔가 득이 되는 정보를 제공하려는 사고방식을 바탕으로 '상대방의 처지에서 사고하는 태도(You attitude)'를 지녀야 한다.

이류 혹은 삼류 세일즈맨은 상품을 판다. 그러나 일류 세일즈맨은 상품을 판다는 의식을 지니고 있지 않다. 그들은 고객을 방문하기 전에 상대방이 원하는 것을 조사해 그 사람에게 '만족감'을 판매한다. 겉으로 보기에는 일류 세일즈맨과 삼류 세일즈맨 모두 고객에게 상품을 제공한다. 그러나 일류와 삼류 사이에는 '상대편에서 생각하느냐 그렇지 않느냐'의 차이가 있다. 시간이 흐름에 따라 그것이 쌓이다보면 일류와 삼류는 업무와 실적 면에서 깜짝 놀랄 만큼 격차가 벌어진다.

연애를 할 때 윤활유 역할을 하는 것이 '꽃'이고, 비즈니스맨이 상대를 설득하는 무기는 바로 '수치 근거'다. 사물을 객관적이고 정확하게 설명하려면 반드시 수치를 근거로 제시해야 한다.

예를 들어 최근 일본 경제가 바닥을 치면서 '재팬 낫씽(Japan Nothing, 더 이상 일본은 없다)'이라는 말이 나돌고 있다. 그러나 이 구절도 정확한 수치가 뒷받침되어야만 그것이 단순한 유행어일 뿐인지 아니면 정말 심각한

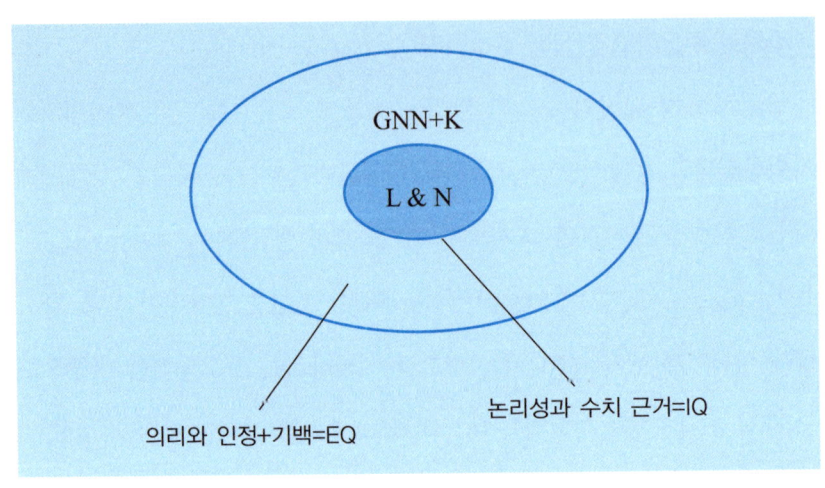

【설득의 요소】

사태를 의미하는 것인지 판가름할 수 있다. 미일 양국 사이에 경제마찰이 심화되었을 때는 '재팬 배싱(Japan Bashing, 일본 때리기)'이 만연했다. 그러던 것이 아시아가 고도로 성장하기 시작하고, 일본이 장기 불황에 들어가자 '재팬 패싱(Japan Passing, 일본 무시)'이라는 말이 나돌았다. 그리고 지금은 '재팬 낫씽'으로까지 이어졌다. 그렇다면 정말 일본은 없는 것인가?

최근에는 확실히 미국의 경제신문에 일본 관련 기사가 나오는 비율이 줄어들었다. 그러나 수치를 알아보면 일본에 관한 평가는 잘못된 것이다. 예컨대 일본의 GDP(국내 총생산)는 약 460조 엔(약 4,600조 원)에 달할 정도로 높다(97년 기준). 심지어 영국과 프랑스, 독일 3개국의 GDP를 합쳐도 300조 엔(약 3,000조 원)에 미치지 못한다. 인구수를 비교해보면 일본은 1억

2천만 명인데 반해 3개국의 총 인구수는 1억 9천만 명이다. 이것이 바로 수치다. 일본 기업의 해외 생산 금액은 약 41조(약 410조 원)이다. 쉽게 설명하면 GDP로 보는 일본의 경제력은 세계 경제의 16.3%를 차지한다.

구체적인 수치로 살펴보면 미국이 일본의 경제 상황을 일컬어 '재팬 낫 씽'이라고 표현할 만한 아무런 근거가 없는 셈이다. 이것은 수치 근거가 없는 감상적인 반론을 단적으로 보여주는 예다.

나는 어떠한 문제가 있으면 그것을 수치로 바꾸어 생각하는 습관이 있다. 비효율적인 논리나 탁상공론을 지양하고 싶기 때문이다.

또한 상대방을 설득할 때는 수치와 함께 논리성이 필요하다. 논리성의 핵심요소는 논리성과 수치 근거(Logic & Number)이다. 이 2가지에 의리와 인정이 뒷받침되면 훨씬 효과적이다. 다시 말해 미국적인 논리성과 수치 근거를 제시하여 그것을 토대로 의리와 인정으로 상대를 압박하라는 말이다. 또한 이들을 보조하는 것이 기백이다. 요즘 식으로 이야기하면 논리성과 수치 근거는 IQ이고, 의리와 인정, 그리고 기백은 EQ에 해당한다.

이견을 제시할 수 있는 조직 풍토를 만들어라

유태인들에게는 회의에서 전원이 일치한 의견을 부결하는 관습이 있다. 100명의 사람 가운데 단 1명도 반대를 하지 않는다는 것은 분명히 자연스럽지 못하다. 만장일치에는 뭔가 작위적인 냄새가 나기 때문이다. 그래서 '이견'이란 중요한 것이다.

그러나 일본은 진정으로 이견을 장려하는 풍토가 아직까지 조성되어 있지 않다. 만장일치가 환영받는 분위기가 뿌리 깊게 자리하고 있다.

그런데 내가 보기에 만장일치라는 제도는 무언가 잘못되어 있다. 자신이 반대를 하더라도 어차피 그것이 통하지 않을뿐더러 파란을 일으키지 못하게 하는 위협적인 분위기가 강해 감히 이견을 내기조차 어렵기 때문이다. 그러한 구시대적인 의사 결정방식은 다수결 원칙에 위배되는 짓이다.

다수결 원칙이란 의견 차이가 51 대 49로 나왔을 때 51명이 손을 든 의견에 따르는 것을 말한다. 그러나 일본인의 사고방식으로는 반대 의견을 제출한 49명이라는 숫자가 너무 많기 때문에 51명의 손을 들어주지 못한다. 그래서 실제로 거의 차이가 없는 상태에서 결착을 내리기보다 대부분의 사람이 찬성을 할 수 있도록 사전 작업을 해둔다.

나는 사전 작업의 중요성을 부정하지는 않지만 그것이 '이견'을 피력할 수 있는 기회 자체를 없애는 것이라면 건전하지 못하다고 생각한다. 모두가 솔직하게 의견이나 이견을 제시할 수 있는 조직 풍토를 조성해야 한다.

뿐만 아니라 개개인 역시 주장을 해야 할 부분은 확실히 자신의 의견을 펼치는 습관을 들여야 한다.

그렇다면 어떻게 해야 가장 효과적으로 이견을 제출할 수 있을까?

예를 들어 자신이 어떤 프로젝트를 검토한 결과 도저히 타산이 맞지 않는다고 하자. 여러 가지로 방법을 연구하고 장기적인 시점으로 내다봐서 이익보다는 불이익이 훨씬 많다. 이러한 경우에는 수치적인 근거를 제시하면서 논리적으로 이론을 제기해야 한다.

물론 이론을 제기할 때는 프로젝트를 추진해야 하는 논거를 충분히 검토해야 한다. 이렇게 이견을 내세워 프로젝트의 추진 여부를 놓고 논쟁하는 사이에 타당성이 더 높은 쪽으로 결론이 난다.

세 번까지만 정론을 펴라

반대 의견을 제출하는 것은 매우 중요하다. 그러나 반론을 제기할 때 반드시 지켜야 할 규칙 4가지가 있다. 그것은 다음과 같다.

① 회사와 업무의 발전을 위해 제출하라.
② 상대방에게 최대한 예의를 갖추고서 표현하라.
③ 반대 의견을 제출할 때는 반드시 대책안을 제시하라.
④ 자신의 의견이 중요한 만큼 상대방의 이견도 중요하게 여겨라.

그렇다면 이견은 언제까지 주장해야 하는가?

나는 이견을 제시하는 것은 세 번까지만 유효하다고 생각한다. 대부분의 사람이 세 번까지는 꾸밈없이 솔직하게 반대 의견을 전개한다. 그러나 세 번이나 설명을 했는데도 상대방이 의견을 받아들여주지 않으면 상사의 결정에 따라라. 만약 상사의 명령에 도저히 수긍할 수 없다면 그 건에서 빠지거나 과감히 회사를 떠나야 한다.

조직의 일원이라면 반드시 상사의 명령에 따라야 한다. 그것이 조직원으로서 지켜야 할 최소한의 규율이기 때문이다. 단 법률에 위반되거나 도의적으로 문제가 있는 명령은 별도의 문제다.

서부극의 대명사 존 포드(John Ford) 감독의 영화 〈노란 리본(She wore a yellow ribbon)〉의 한 장면이 떠오른다. 한 장교가 최선을 다해 어떤 작전을 반대했지만 자신의 의견이 받아들여지지 않자 "내가 반대한 것을 기록으로 남기고 싶다"고 하며 솔선해서 그 작전에 매달렸다. 이 장교처럼 비즈니스맨들도 최선을 다해 주장했음에도 자신의 의견이 받아들여지지 않으면 상사의 결정에 따라야 한다. 그리고 그 후에는 최선을 다해 그 건을 성취하고자 노력해야 한다. 이는 매우 용감한 행동이다.

반면에 어떤 사람들은 자신의 의견을 제출해서 상사가 수락하지 않았을 때 상사의 명령에 따르는 척 하고서 실제로는 업무를 게을리한다. 그것은 비즈니스맨에게 있어서 가장 나쁜 행동이다. 그들은 은근히 그 프로젝트가 실패하기를 바라면서 실제로 실패하면 '역시 내가 말한 대로 돼버렸군'이라며 회심의 미소를 짓는다. 그러한 유형의 사람에게는 주위 사람들이 엄격하게 채찍질을 해야 한다. 그런 사람을 그대로 방치해두면 조직의 질서가 붕괴될지도 모를 만큼 위험천만하기 때문이다.

그러므로 올바른 이견을 충분히 제출하고 그것이 받아들여지지 않았을 때는 깨끗하게 포기하라.

조직에서 자신의 색깔을 표출하는 방법

왜 자신의 색깔을 표출해야 하는가?

그것은 일을 수월하게 하는 데 도움이 되기 때문이다. 그런데 자신의 색깔을 내려면 자신만의 기술을 연마해야 한다. 즉 앞에서도 설명한 비즈니스맨이 갖추어야 할 업무 수행 능력의 3가지 원칙 가운데 하나인 기능적이며 전문적인 능력을 습득해야 한다는 말이다. 자신만의 기술을 터득한 뒤에는 자기 나름의 가치관과 좌표축을 세워야 한다.

비즈니스는 끊임없는 교섭의 연속이다. 사람들과의 얽히고설킨 관계 속에서 타협을 해야 하는 경우도 부지기수다. 나의 경험에 비추어보면 훌륭한 리더에게는 '이 선까지는 타협하지만 그 이상은 단호히 거절한다'라는 자기 나름의 분명한 기준선이 있다. 그것이 바로 신념이자 이념이며 가치관이다.

조직 내에서 업무를 하다보면 개인의 고집(my way)은 허용되지 않는다. 그러나 자신이 선택한 분야의 한 주제에 대해서는 고집을 부릴 필요가 있다. 그래서 가치관(value system)을 지니는 것이 중요하다. 이미 앞장에서도 설명했듯이 나는 그것을 '문법이 있는 생활'이라고 정의 내린다. 주어, 술어, 마침표를 확실히 갖춘 태도는 조직 내에서 자신의 색깔을 표출할 수 있게 만든다.

기업은 사내 연수라는 형식을 빌려 사원들의 능력을 계발한다. 사내 교육은 회사의 현상이나 업계 전망, 업무 전반에 걸쳐 다양한 분야를 주제로 다루기 때문에 시야를 넓힐 수 있는 좋은 기회다. 또한 학습회나 직무별 훈련을 실시함으로써 기술을 연마할 수 있게 도와준다.

이러한 기회를 적극적으로 활용해 자신의 기술을 한 단계 향상시켜라. 특히 직장인 중에는 업무가 한창 바쁠 때 연수에 참가하면 그 시간을 헛되이 버린다고 생각하는 사람이 있는데 그것은 잘못된 사고방식이다.

참고로 존슨 앤 존슨에서 사원들의 인사평가를 할 때 중시하는 가치관을 도표로 소개하겠다(도표참조).

상사는 귀가 어둡다고 생각하라

내가 존슨 앤 존슨의 사장으로 재임했을 때의 일이다. 한 번은 본사가 있는 미국에서 존슨 앤 존슨의 세계 각국 지사 사장단 모임이 열렸다. 이 회합은 몇 년에 한 번씩 개최되는 것으로 총 본사의 대표가 앞으로의 경영 방침 등을 설명하는 형식으로 진행된다.

그 자리에서 모 국가의 사장이 이런 질문을 했다.

"우리나라 지사에서 미국 총 본사에 여러 가지 요구 사항을 제출했습니다. 그런데 그것이 좀처럼 현실화되지 않는데 그 이유가 뭡니까? 또 본사의 서비스 속도와 질에 불만이 있는데, 어떻게 하면 좀더 나은 서비스를 받을 수 있나요?"라는 취지의 질문 내용이었다.

나는 그 질문을 들으면서 당연히 본사의 대표가 보고서를 제출하는 방법이나 요청 사항을 제안할 부서 등 의견을 제출하는 방법에 대해 설명할

【 인사평가 시스템에서 중시하는 가치관 (존슨 앤 존슨 사) 】

정 의	태 도
사려깊은 가치관을 가지고 있다	1. 비즈니스맨으로서 자신의 가치를 충분히 인식하고 있다.
개인의 가치관이 회사의 그것과 일치한다	1. 회사가 추구하는 가치관을 올바르게 이해하고자 한다. 2. 자신의 가치관과 회사가 추구하는 가치관의 차이점을 솔직하게 의논하고, 양자를 충분히 이해하고자 한다.
회사의 가치관을 조장한다	1. 회사에서 진행하는 프로젝트에 따라 회사의 가치관과 철학, 그리고 자신의 가치관이나 철학을 일치시키기 위해 노력한다(가치관의 대상 포인트는 다음과 같다). ① 인간의 존엄성 ② 이익 ③ 보수 ④ 사회적 책임 ⑤ 기회균등 ⑥ 직무상 목적, 정책, 팀워크 대 개인적 흥미 ⑦ 광고 ⑧ 환경문제 ⑨ 자신의 신조와 그에 따른 실천

것이라고 생각했다. 그런데 총 본사의 대표가 한 말은 나의 예상을 완전히 빗나갔다.

"큰 소리로 말하시오(Scream!)"

나는 순간 내 귀를 의심했다. 그리고 나서 잠시 뒤 '과연 맞는 말이군' 하고 고개를 끄덕였다. 질문을 한 사장이 본사에서 좀더 나은 서비스를 받으려면 그는 좀더 열심히 자기주장을 펼치려는 노력을 했어야 했다.

모두의 관점이 다르기 때문에 본사 대표의 이러한 대답에 대해 어떤 사람은 경솔하다고 생각할 수도 있다. 그러나 나는 질문의 핵심을 꿰뚫은 답변이었다고 생각한다.

이러한 일은 직장 내에서 얼마든지 일어날 수 있다. 예컨대 자신이 어떤 업무를 하고 싶다는 의욕에 넘쳐 있다고 하자. 그러나 그는 자신의 의견이 받아들여지지 않는다고 불평한다. 자신의 의견을 주장하고자 노력하지도 않으면서 '상사가 좀처럼 내 의견을 인정해주지 않아, 이해해주지 않아, 시켜주지 않아'라고 상사나 간부에게 책임을 전가하는 것이다.

조직이란 사람이 일을 하는 곳이므로 우수한 인재는 당연히 등용되기 마련이다. 다만 의견이 방치되는 경우가 있을 수도 있으므로 강하게 자신의 생각을 어필할 필요가 있다. 본사 사장이 '큰 소리로 말하시오'라고 대답한 것은, 의견을 제시한 지사 사장이 아무런 노력도 하지 않고 '다른 사람이 인정해주지 않는다'라는 불평만 늘어놓은 것에 대해 경종을 울린 것이다.

자신이 인정받고 두각을 나타내려면 자기를 선전하기 위해 최대한 열심히 노력해야 한다.

미국의 비즈니스맨처럼 너무 강하게 자기선전을 하면 상대방이 조금은 거부감을 느낄 수도 있다. 그러나 적당히 자기주장도 펼칠 줄 알아야 비즈니스 업계에서 살아남을 수 있다.

자기선전을 할 때는 반드시 선결되어야 할 사항이 있다. 자기주장을 펼치기 전에 먼저 상사와 양호한 신뢰관계를 구축해야 한다는 것이다. 상사와 원만한 관계를 쌓으려면 앞에서도 말했듯이 의리와 인정, 기백, 그리고 기술을 연마하는 습관을 길러야 한다.

올바르게 인사하는 습관을 들여라

나에게는 한 가지 '편견'이 있다. 사원을 평가할 때 그가 훌륭한지 별볼일 없는지, 혹은 직장의 경우에는 그 회사가 생동감이 넘치는지 아니면 죽어있는지를 판가름하는 척도로 '인사성'을 기준으로 삼는다는 것이다.

어떤 사람들은 인사성을 기준으로 회사나 사원이 좋고 나쁨을 구분하는 방법이 다소 억지스럽다고 생각할지도 모른다. 그러나 내방객뿐만 아니라 사원들 간에도 서로가 충실히 인사를 나누는 회사는 활성화되어 있다. 그것은 개개인의 경우에도 마찬가지다.

그렇다면 어떻게 해야 제대로 인사를 할 수 있을까?

① 나이나 위치를 따지지 말고 먼저 인사한다.

② 큰 소리로 인사한다.

③ 상대방의 눈을 보면서 인사한다.

④ 가볍게 웃으면서 인사한다.

위의 4가지 사항을 준수하여 인사하는 것은 자신을 완성시키는 데 기본이 되는 일상습관이다.

습관 3 장점과 친해져라

- 칭찬하고 격려하라
- 열성적인 반대자도 자기 편으로 만들어라
- 논리성과 수치 근거로 상대방을 설득하라
- 건전한 긴장감을 불어넣어라
- 실패도 적극적으로 관리하자

The 5 Habits of Highly Effective People

5장

인간관계에서 성공하는 방법

일본의 유명한 모 백화점에서는 신입사원에게 매너 교육을 가장 철저히 시킨다고 한다. 심지어 명함을 주고받거나 인사를 할 때 상대와 자신의 물리적 거리에 따라 인사 각도가 어떻게 달라지는지까지도 교육한다. 상대와의 거리가 30cm인지 1m인지, 아니면 그보다 훨씬 멀리 떨어져있는지에 따라 인사 횟수가 달라진다.

여기서는 상대방에게 실례가 되지 않고 비굴하게 보이지 않는 인사방법을 소개하겠다.

나는 용무가 있을 때마다 반드시 도쿄 프린스 호텔에 숙박한나. 그곳에 가면 언제든지 내 이름이 적혀진 슬리퍼가 방에 준비되어 있다. 또한 쾌적한 수면을 위해 반드시 필요한 베개는 내가 좋아하는 쌀겨가 들어간 딱딱한 것이다. 그것만으로도 다른 호텔에 가고 싶은 마음이 사라진다.

한 번은 이런 일도 있었다. 모 가전 메이커 사(社)의 경우에는 강연을 의뢰할 때마다 매우 세심한 부분까지 신경을 써준다. 예컨대 나를 위해 신칸센 열차의 티켓을 끊을 때도 도쿄를 출발하는 시간에 따라 좌석을 진행방향의 우측으로 할지 좌측으로 할지를 배려한다. 강하게 내리쬐는 아침 햇볕을 싫어하는 사람이 많기 때문에 반대쪽 햇볕이 닿지 않는 자리를 끊기 위해서다. 물론 자리도 내가 바라는 금연석이다.

지금까지 내가 만난 비즈니스맨 중에는 특히 인상에 남는 사람이 몇 명 있다. 예를 늘면 어떤 은행의 총수가 나를 저녁 식사에 초대한 적이 있다. 그런데 식탁에 오르는 모든 요리가 매우 맛있을 뿐더러 당시 체중을 감량하고 있던 나의 건강에도 영향을 미치지 않는 재료들로 만들어진 것뿐이었다.

나중에 들은 이야기지만, 그 은행의 담당자가 나의 비서에게 연락을 해서 미리 몇 가지 조언을 구했다고 한다. 함께 밥을 먹는 행위는 사람들과 친해지기 위한 가장 빠른 지름길이다. 이때 상대가 자신의 사정을 세심하게 배려해 메뉴를 준비했다면, 그러한 은행과는 당연히 가까워지고 싶다는 마음이 든다.

또 거래처인 모 대기업 사장에게도 큰 감명을 받은 적이 있다. 그는 자신을 방문하고 돌아갈 때마다 엘리베이터를 함께 타고 1층까지 내려가서 내가 차에 타고 출발할 때까지 배웅한다. 그런 대접을 받고서 너무나 감격한 나머지 나는 그의 사려 깊은 행동을 그대로 따라할 정도였다.

자신이 할 수 있는 최상의 서비스를 하라

미국인과 접촉할 일이 많아진 나는 차츰 미국식 배려에도 관심을 갖게 되었다. 그 중에서도 미국인들의 편지 쓰는 습관과 상대방의 이름을 잘 기억하는 모습에는 늘 감동을 받는다.

내가 도저히 그들을 따라가지 못하는 것이 바로 편지 쓰는 습관이다. 미국인들은 늘 신세진 사람에게 진심을 다해 사례의 편지를 쓴다. 그 편지에는 상대에 대한 마음씀씀이가 곳곳에서 묻어나는데 그것이 너무나 완벽해 얄미울 정도다. 내가 보기에 지위가 높은 사람일수록 편지를 잘 쓰는 경향이 있다.

일류 비즈니스맨이 되려면 얼굴과 이름을 잘 기억하는 미국 비즈니스맨을 본받아야 한다. 일전에 나는 1년 전에 한 번 만났을 뿐인 미국인에게 "미스터 아타라시, 오랜만입니다"라는 인사를 받았다. 나는 그의 얼굴과 이름조차 전혀 기억하지 못했으므로 당연히 깜짝 놀랐다. 솔직히 그가 나의 이름을 기억해준 것이 너무나 기뻤다.

또한 미국인들은 상대방이 기념으로 뭔가를 선물하면 그것을 다음 번 만났을 때 태연스럽게 달고 나온다. 이러한 습관도 일본인에게서는 찾아보기 힘들다.

일류 비즈니스맨이나 성공한 사람은 아주 자연스럽게 상대에 대해 사소한 부분까지 배려한다. 성격이 호탕해 사소한 것에 그다지 신경을 쓰지 않을 것처럼 보이는 경영자도 실은 세심하게 상대방을 배려한다. 그들의 성품은 '호방뇌락(豪放磊落, 도량이 크며 작은 일에 거리낌이 없음)'이 아니라 '호방세심'이다.

재치 있는 사람은 상대에게 마음을 씀으로써 주위를 즐겁게 한다. 늘 요령껏 상대를 배려해 즐거움을 선사하므로 당연히 인기가 좋다.

'싱글 배거, 더블 배거(single bagger, double bagger)'라는 말이 있다. 요즘은 많이 줄었지만 예전 슈퍼마켓에서는 계산원 옆에 고객이 구매한 물건들을 봉투에 담아주는 일을 하는 사람이 있었다. 그들은 아침부터 저녁까지 봉투에 물건을 담기만 하면 되는 매우 단조로운 업무를 한다. 그러나 그러한 단순한 작업이라도 남들과 차별화할 수 있는 부분은 얼마든지 있다.

싱글 배거는 남들과 똑같이 한 겹 봉투에 물건을 담는다. 그러나 더블 배거는 좀더 머리를 써서 구매자의 편의를 고려해 봉투를 두 겹으로 해서 뜯어지지 않게 담는다. 이들 더블 배거들은 늘 더 좋은 방법을 궁리한다. 그래서 부피가 크고 무거운 물건은 봉투 아래쪽에, 부서지기 쉬운 물건은 위쪽에 담는다. 또한 노인을 위해 짐을 차 있는 데까지 운반해주는 배려도 잊지 않는다.

언뜻 보면 사소한 차이다. 그러나 그 격차는 시간이 흐름에 따라 점점 벌어져 어느 순간 더블 배거는 출세의 단계에 올라서 있다.

어떤 사람은 업무를 가능한 한 적은 노력으로 끝내려고 한다. 그것은 그가 사는 삶의 방식이다. 그러나 적어도 성장하고자 하는 목표가 있다면 지금 하고 있는 업무에서 자신이 더블 배거인지 아닌지 한 번쯤 확인해보라.

비즈니스의 성패는 극히 작은 배려가 쌓이고 쌓여서 판가름 난다. 단순 작업으로 보이는 슈퍼마켓의 봉투 담는 작업조차도 더블 배거인지 싱글 배거인지로 차별화된다. 사소한 일이라도 계속해서 방법을 연구하면 그 사람의 가치는 올라가게 마련이다. 그러므로 매사에 더블 배거가 되고자 노력하는 습관을 들여 자신의 가치를 지속적으로 향상시켜라.

상대방에 대한 관심을 표현하라

나에게는 인맥을 능수능란하게 구축하는 친구가 한 명 있다. 그 비결을 물어보면 그는 늘 "사람을 상대하는 거 별로 어렵지 않아"라고 대수롭지 않게 말한다. 그래서 좀더 추궁하면 다음의 5가지 사항에 유념해서 행동하라고 조언한다.

① 모든 상대를 편안하게 대한다.

② 마음에서 우러나 상대를 칭찬한다.

③ 늘 감사한다.

④ 항상 미소를 보낸다.

⑤ 상대의 이름을 부른다.

나는 이 5가지를 종합해 내 나름대로 '자신이 상대를 중요하게 생각하고 있다는 사실을 태도로 전달하라' 라고 정의 내렸다.

대부분의 사람들은 상대방이 자신을 얼마나 중요한 존재로 받아들이는지 알고 싶어 한다. 미국의 심리학자 매슬로우(A.H.Maslow) 박사는 '인간욕구의 5단계설'에서 가장 강한 욕구는 '자아실현의 욕구'라고 지적했다. 데일 카네기의 '효과적인 화술과 인간관계' 코스에서도 자아실현 욕구를 강조했다.

집안이 가난해 교육을 받지 못한 한 식료품점 점원이 있다. 그가 50센트로 산 몇 권의 법률 책을 주인의 눈치를 살피면서 남몰래 공부한 것은 바로 자아실현을 위한 욕구 때문이었다. 그 점원이 바로 미국의 16대 대통령 링컨이다.

인간관계를 만드는 첫 걸음은 상대를 인정하는 것이다. 영어에서는 상대를 인정하는 행동을 일컬어 스트록(stroke)이라 한다. 미국에는 '당신이 다른 사람에게 줄 수 있는 최고의 스트록은 마음속에서 우러나는 관심이다'라는 말이 있다. 상대에게 관심을 표현하고 사소한 것이라도 칭찬을 하면 인간관계는 훨씬 원만해진다.

말을 거는 것은 마음을 쓰는 것

스트록이라고 해서 뭔가 거창한 것을 생각할 필요는 없다. 나는 복도에서 부하 직원을 만나면 "오호, 자네 이번 여름에 꽤 탔군"이라거나 "오늘 패션 정말 멋진 걸" 등으로 그에 대한 관심을 간단하게 표현한다. 또한 업무에 대해서도 "요전 번 보고서는 매우 훌륭했어", "그 상대하기 어려운 회사를 잘도 설득했더군"과 같이 가볍게 칭찬한다.

대부분의 사람은 상대방이 건네는 칭찬에 기분이 좋아진다. 이때 다소 과장되게 칭찬을 해도 기쁘게 받아들이지만, 무심코 건네는 칭찬 한 마디에 상대는 더욱 감동을 받는다.

공부를 너무나 못해 반에서 꼴찌를 면치 못하는 한 초등학생에게 선생님이 "멋진 그림인데. 특히 색깔 배합이 훌륭하구나"라고 별 뜻 없이 칭찬을 했다고 하자. 그 학생은 선생님의 말 한 마디로 자신의 그림에 대한 재능을 발견한다. 그림에서 자신감을 얻자 다른 교과목의 성적도 오른다. 이러한 사례는 흔히 볼 수 있다.

불전에도 '말을 거는 것은 마음을 쓰는 것이다' 라는 문구가 있다. 그 초등학생은 자신을 인정해주는 사람이 무심코 내던진 칭찬의 말에 감동을 받아 스스로 변화할 만큼의 자신감을 얻은 것이다.

직장에서도 서로에게 스트록을 던져보면 어떨까? 그러면 회사 분위기가 한층 밝아질 것이다. 앞에서 언급한 초등학생과 같이 '사기 진작' 이란 의외로 별 것 아닌 사소한 습관에서 시작된다.

또한 직장뿐만 아니라 가정이나 회사 밖에서도 사람들에게 수시로 스트록을 던져라. 나아가서 구체적으로 계획을 세워 '하루 한 번 스트록하기'를 습관화하면 인간관계가 훨씬 편해질 것이다.

상대방의 이야기를 듣는 고도의 테크닉

자신이 상대에게 관심이 있다는 사실을 표현하려면 어떻게 해야 할까? 가장 손쉬운 방법은 '듣는 태도'를 바로 하는 것이다. 그런데 '듣기'에는 3가지 방법이 있다. 즉 아무 생각 없이 듣는 태도, 귀와 마음을 써서 경청하는 태도, 문제의식을 가지고 질문하는 태도가 그것이다. 사람은 일상적으로 이 3가지 행위를 반복하면서 상대방의 이야기를 듣는다.

대화에 능한 사람은 상대방의 이야기를 흘려듣지 않고 항상 경청한다. 상대방에게 관심을 가지고 있다는 마음을 듣는 태도로 표현하는 것이다.

미국의 비즈니스 경영 간부들을 대상으로 한 조사 결과에 따르면, 그들은 하루의 총 노동시간 가운데 약 80%를 사람들과 대화하는 데 할애한다고 한다. 이중 상대방의 이야기를 듣는 시간만을 합하면 실제로 60%에 이른다. 아마 일본도 이와 비슷할 것이다. 그러나 상사가 부하 직원들의 이야기를 듣기 위해 이처럼 많은 시간을 쏟아 붓는데도 부하 직원은 그렇게 생각하지 않는다.

내가 사원들을 상대로 간단한 테스트를 한 결과를 소개하겠다. 상사에게는 '자신이 부하 직원의 이야기를 얼마나 들어주고 있는가'라고 질문하고, 부하 직원에게는 '상사가 얼마나 자신의 이야기를 들어주는가'라고 각각 질문했다. 그것을 100점 만점을 기준으로 점수로 매겨보자 상사의 답변은 70~80점 사이가 가장 많았고, 부하 직원의 경우에는 20~40점 사이가 대부분이었다. 이는 서로간의 '인식 차이'가 얼마나 심한지를 단적으로 보여주는 사례다.

　대부분의 사람은 자신이 듣는 만큼 상대방이 들어주지 않는다고 생각한다. 자신이 아무리 열심히 듣고 있다고 주장을 해도 상대방이 그렇게 생각하지 않으면 아무런 소용이 없다. 그래서 다른 사람의 이야기에 귀를 기울이는 습관을 들여야 한다.

　그러한 습관을 기르려면 다음 2가지 사항을 지켜야 한다. 첫째, 상대방에게 마음을 써라. 둘째, 테크닉을 습득하라. 마음을 쓰는 것은 여러분 각자에게 맡기기로 하고 여기서는 듣는 테크닉에 대해 알아보겠다.

　① 다른 사람의 이야기를 도중에 끊지 않는다.

　상대방의 이야기가 끝날 때까지 잠자코 기다리는 것이 가장 기본적인 예의다. 그것은 상대방을 중요하게 생각하고 있다는 마음의 표현이다.

　② 상대의 눈을 본다.

　성실함은 무언의 메시지다. 즉 눈으로 이야기하는 것은 말로 하는 것과 같다.

　③ 요령껏 맞장구를 쳐준다.

　노래에서 간주가 윤활유 역할을 하듯이 맞장구는 대화의 엔진 회전을 원활하게 해준다. "그래서? 그래? 정말?"이라고 가볍게 놀라움을 표시하면 상대는 한껏 흥이 나서 이야기한다.

　④ 상대방의 이야기를 들으면서 메모한다.

메모는 자신의 기억을 보조하는 수단이다. 또한 상대의 이야기를 열심히 듣고 있다는 자신의 성실성을 보여주므로 상대에게 호감을 살 수 있다.

장점을 발전시키려면 거북스러운 사람도 상대하라

비즈니스맨의 행복 중 80% 이상이 얼마나 좋은 상사를 만나느냐로 결정된다. 그런데 상사는 자신의 의사로 선택하는 것이 아니라 어디까지나 회사가 인사 상으로 정하는 문제다. 자신에게 선택권이 없으므로 반드시 좋은 상사를 만난다는 보장이 없다. 오히려 나쁜 상사를 만날 가능성이 더 크다고 생각하는 편이 낫다.

사람 사이에는 궁합이 있다. 아무리 주위에서 평가가 좋은 사람이라도 '왠지 저 사람과는 맞지 않아' 라고 느끼는 경우가 많다. 불편하다고 생각하면 자연스레 상대에게도 그 감정이 전달되어 어색한 관계가 된다.

직장 생활을 하면서 상사와 사이가 나쁘다는 것은 정말 비극적인 일이다. 그러나 상황을 낙담하고 있을 수만은 없다.

그렇다면 상사와의 관계를 개선하려면 어떻게 해야 할까?

인간관계에서 문제가 발생하면 다음 3가지 방법으로 대처한다.

① 상대를 변화시킨다.

② 자신을 바꾼다.

③ 자신이 처한 상황에서 도망친다.

비즈니스맨이 상사에게서 도망친다는 것은 회사를 그만둔다는 것을 의미한다. 퇴사의 이유가 상사와의 인간적인 문제 때문이라면 너무 분할뿐더러 꼬리를 내리고 도망치듯 나오는 모습은 볼썽사납기까지 하다. 가장 간단한 방법은 자신을 바꾸는 것이 아닐까?

오랫동안 직장 생활을 하다보면 어쩔 수 없이 다양한 개성이나 버릇을 가진 사람을 상대해야 하므로 늘 자신을 이해하고 평가해주는 사람만 만날 수는 없다. 그래서 거북스러운 상사를 만났을 때는 인간관계의 적응능력을 향상시키는 좋은 기회로 삼아라. 그렇다면 불편한 상사와 원만하게 지내려면 어떻게 해야 할까?

미국의 정신교육학자인 브로드벤트 박사는 "다른 사람에게 사랑받으려면 먼저 자신이 상대를 사랑하는 마음을 가져야 한다"라고 강조했다.

비즈니스맨에게 자신을 바꾼다는 것은 곧 '상사를 좋아하게 되는 것'을 의미한다. 상사의 좋은 점을 적극적으로 찾고 그것을 표면에 도출시켜 그를 긍정적으로 재평가하라. 상대의 좋은 면만을 보고 그것을 입 밖으로 내는 사이에 자연스레 상대를 좋아하게 된다. 자신이 상대를 긍정적으로 평가하려는 마음을 가지면 신기하게도 그것이 상대방에게 전해진다. 그 결과 상대방도 당신에게 호의를 가져 처음 가졌던 미움은 어느새 호감으로 변한다.

그러므로 남을 바꾸려고 하지 말고 우선 자신부터 바꿔라. 그것이 내가 강조하고 싶은 마음의 습관이다.

가끔은 상사와 똑같은 사람이 되어라

상대를 바꾸는 것은 어렵다. 그러나 간접적으로 상대를 변화시킬 수는 있다. 그것이 보스 매니지먼트다.

우선 앞에서 말한 방법대로 자신을 바꾸고 상사를 좋아하고자 노력하라. 그 다음에는 상사의 언행을 자신의 것으로 만들어라. 다시 말해 상사가 좋아하는 말을 사용하고 그의 복장이나 버릇을 따라하며 심지어 같은 취미를 가신다. 물론 업무 처리방식도 철저히 같아야 한다. 할 수만 있다면 하나부터 열까지 상사의 복사판이 되라. 자신을 따라하는 부하 직원을 싫어할 상사는 없다. 사람에게는 '유사성의 법칙'이 있어 자신과 비슷한 사람을 호의적으로 생각하는 습성이 있기 때문이다. 시간이 걸릴지는 모르지만 상사의 모든 것을 모방하면 결과적으로는 자신이 생각한 대로 상사를 움직일 수 있게 된다.

이 방법에는 장점이 한 가지 더 있다. 그것은 철저하게 흉내를 냄으로써 스스로 상사가 가진 능력에 근접할 수 있다는 점이다. 거북스러운 상사 밑으로 들어감으로써 자신의 능력은 오히려 향상된다.

『정관정요(貞觀政要)』라는 중국 고대 역사서가 있다. 그 책에는 군주를 칭찬하려면 '60은 듣기 좋은 말을 하고, 나머지 40은 듣기 싫은 말을 하라'라고 언급했다. 아무리 천하를 호령하는 군주라도 그 역시 사람이다. 아랫사람이 듣기 좋은 말을 하면 당연히 기분이 좋아진다. 오죽하면 입에 발린 말을 끔찍이 싫어해서 감언으로 자신을 꾀어내려는 사람을 멀리했던 나폴레옹조차도 "각하에게는 인사치레가 통하지 않아 매우 곤란합니다"라고 친근하게 다가오는 사람에게 싱글벙글 웃었겠는가?

부하 직원은 상사가 완벽하기를 바라서는 안 된다. 당신이 상사가 되었을 때 아랫사람을 보호하기 위해서라도 지금의 상사와 원만한 관계를 유지해야 한다.

상사와 원만하게 지내려면 60%는 그를 칭찬해 좋은 인간관계를 위한 초석을 마련하라. 반대로 자신도 상사뿐만 아니라 동료와 부하 직원들에게 감시당하고 있다는 사실을 기억하라. 그래서 당신보다 한참 나이 어린 부하 직원이라도 해도 그에게서 좋은 점을 발견하면 적극적으로 그것을 배우려고 노력해야 한다.

미국의 한 기관에서 실시한 조사에 따르면 대인관계가 좋은 사람이 그렇지 않은 사람보다 수입 면에서 40% 정도 차이가 난다고 한다. 미국은 일본보다 개인주의적인 경향이 훨씬 강하다. 그러므로 일본의 경우에는 실제로 조사해보지는 않았지만 인간관계로 인한 수입 차이가 미국보다 훨씬 크게 나타날 것이다.

이처럼 원활한 인간관계를 유지하는 것이 비즈니스 사회에서는 매우 중요하다.

열성적인 반대자가 자기편이 되기 쉬운 이유

신상품이 발매되자마자 결함이 발견되는 경우가 종종 있다. 이때 클레임을 걸어오는 소비자는 대략 100명 중 2명 정도다. 바꿔 말해 열성적인 반대자는 단 2%에 불과하다. 반대의사를 적극적으로 표시한다는 것은 그 상품에 관심이 많다는 것을 의미한다. 그들은 기대가 큰 만큼 실망도 커서 맹렬히 항의하는 것이므로 불만사항만 해결되면 열렬한 아군으로 바뀔 가능성이 가장 크다.

그렇다면 열성적인 반대자에게는 어떻게 대응해야 할까?

나의 경험에 비추어보면 다음과 같은 방법이 효과적이다.

① 재빠르게 대응한다.

문제가 발생하자마자 바로 대처한다. 늦으면 늦을수록 불만 사항은 늘어나 관계 회복이 어려워지기 때문이다.

② 책임자가 전면에 나선다.

편지나 전화 1통으로 사과를 대신하는 것과 당사자가 직접 머리를 숙이는 것은 성실성 면에서 큰 차이를 보인다. 본래는 열성적인 찬성자였던 사람이 반대자가 된 상황을 타개하기 위해서라도 당사자가 성의를 다해 사죄하고 이해를 구해야 한다.

③ 필요에 따라 상대방의 조언을 구한다.

반대자의 불만 사항을 유심히 듣고 그가 충분히 이해할 수 있는 결론을 도출한다.

④ 상대가 이해할 때까지 반복 설득한다.

전화가 아닌 얼굴을 내비쳤다고 해서 상대가 반드시 이해해준다는 보장은 없다. 그러므로 성실한 자세로 끝까지 설득해야 한다.

위의 4가지 사항을 습관적으로 반복하면 열성적인 반대자를 열의 있는 찬성자로 바꿀 수 있다.

반대자를 도저히 이해시킬 수 없는 경우에는 이러한 방법도 있다. 반대자가 존경하거나 굴복할 수 있는 사람의 입을 빌어 '자신이 반대자를 칭찬하고 있다'는 사실을 넌지시 전달한다. 클레임을 건 사람에게 처음부터 밀어붙이는 식으로 사죄를 하는 편이 간단하겠지만, 그것은 상대방도 마지못해 이해한 듯한 느낌이 들어 뭔가 꺼림칙하다. 그러므로 자신이 반대자의 의견에 동조할 뿐만 아니라 그렇게 말해준 것을 매우 감사하게 생각한다는 사실을 전달함으로써 상대가 자신에게 호감을 느낄 수 있도록 분위기를 조성해야 한다. 시간은 걸리겠지만 그렇게 하는 것이 장기적으로 보았을 때는 반대자를 설득하는 데 훨씬 효과적이다.

설득술, "당신은 어떻게 생각하나요?"

나는 장래성이 있는 부하 직원에게 곧잘 "자네 생각을 직접 말해보게나"라고 지시한다. 다시 말해 "이러 이러한 조건이 있다네. 자네는 이 건에 대해 어떻게 생각하나?"라고 물어 부하 직원이 스스로 생각하게 한다.

가끔 부하 직원의 대답이 나의 생각과 크게 차이가 나는 경우도 발생한다. 이때는 "이렇게 생각해보면 어떨까?" 또는 "그 경우 지원 체제는 충분한가?"라고 좀더 구체적으로 물어본다.

결국 부하 직원은 자신의 판단으로 내가 내린 최선책에 근접한다. 부하 직원의 입장에서는 자신이 생각한 계획대로 업무를 진행함으로써 자신감을 얻을 수 있고, 나는 내가 생각한 방법대로 업무를 추진할 수 있으므로 안심하고 부하 직원에게 그 일을 맡길 수 있다.

이런 방법은 설득술로도 매우 유효하다.

상대가 자신이 설득하는 대로 따라주면 먼저 그 사람에게 어떠한 이익과 불이익이 생기는지 분석한다. 그래서 불이익이 있다면 그것을 보상할 만한 이익을 찾아내어 상대에게 제공한다. 이처럼 설득하기 쉽도록 기초를 다진 후 몇 가지 질문을 더 해서 자연스레 상대방이 스스로 항복하게 만든다. 그것이 바로 '설득'이다. 이 방법은 언뜻 보면 어려운 듯 느껴지지만 결론을 서두르지 않고 시간을 두고서 실행하면 의외로 간단하다.

또한 상대를 진정으로 이해시키려면 제4장에서 소개한 '논리성과 수치근거' 그리고 '의리와 인정, 기백'에 호소해야 한다. 다시 말해 이해하기 쉽도록 산출된 수치를 사용하여 표현하고 돈독한 유대관계를 적절히 활용하라는 말이다. 예컨대 부하 직원에게 보고를 받을 때는 다음과 같이 표현하라.

"이 자료는 현재 자네가 맡고 있는 업무의 성공사례로서 참고하게나. 반드시 오늘 중으로 읽고서 내일 10시 미팅에서 자네의 생각을 말해주게.

보고 시간은 5분 정도네"라고 말이다. 이렇게 지시를 내리면 부하 직원에게 무엇을 언제까지 해야 하는지 구체적으로 각인시킬 수 있다. 다른 사람을 이해시키려면 우선 말하는 내용 안에 논리성과 수치 근거가 들어가야한다.

남들에게 호감을 사는 5가지 황금법칙

상대방이 자신을 인간적으로 대하고 있어야 의리와 인정이 통한다. 여기서는 상대방에게 호감을 사는 방법을 소개하겠다. 그것은 야스오카 마사아쓰의 저서 『운명을 개척하라』에 소개된 5가지 황금법칙이다.

① 첫 만남에서는 마음을 비우고서 상대방을 대하라.

② 비평하는 버릇을 고치고 남의 험담을 하지 마라.

③ 열심히 남의 장점을 발견하고자 노력하라.

④ 세상에는 좋은 일이 의외로 많다는 사실을 항상 유념하라.

⑤ 좋고 나쁨을 따지지 말고 타인에게 정성을 다하라.

이 법칙들은 모두 충분히 공감할 만한 내용들이다.

우선 첫 만남에서 마음을 비우고 상대를 대해야 하는 이유는 무엇일까? 첫인상은 훗날까지 영향을 미칠 정도로 중요하다. 상대에게 좋은 인상을 심어주려면 자신도 그에게 편견이나 선입관을 가져서는 안 된다. 사람은 감정의 동물이므로 일단 가진 생각은 좀처럼 바뀌지 않는다. 그래서 첫 만남에서는 가능한 한 마음을 비운다는 기분으로 상대방을 대해야 한다.

두 번째인 '비평하는 버릇'은 내가 젊은 시절 저질렀던 잘못이다. 여러 가지 경험을 쌓으면서 최근에 겨우 '열심히 남의 장점을 발견하고자 노력'하며 스스럼없이 스트록을 던질 수 있게 되었다.

네 번째 '세상에 주의를 기울이라'는 법칙도 매우 중요하다. 직장 생활을 충실히 하려면 회사에만 신경을 써서는 안 된다. 비즈니스는 사회 변화와 결코 무관하지 않기 때문에 회사 안팎으로 관심을 가져야 한다.

특히 대부분의 사람들은 '좋고 나쁨을 따지지 말고 타인에게 정성을 다하라'는 법칙을 죽는 순간까지 갈고 닦아야 한다. 결국 이 법칙은 전부 인간관계를 원만하게 하는 습관들이다.

6장
― 리더가 갖추어야 할 덕목 ―

앞에서도 설명했듯이 비즈니스맨의 행복은 80% 이상이 얼마나 좋은 상사를 만났느냐로 결정된다. 직장 생활을 하면서 부하 직원이 사장이나 최고 경영진을 만나는 경우는 1년에 몇 번밖에 없지만, 직속 상사는 매일 얼굴을 마주해야 한다. 관리자의 자리에 있는 사람은 부하 직원의 행복에 막중한 책임을 지고 있다. 그래서 부하 직원을 단 1명이라도 거느리고 있다면 확실한 책임의식을 지녀야 한다.

상사가 부하 직원과 원만한 관계를 유지하려면 상대방이 충실하고 안전한 마음이 들 수 있도록 그에 맞는 환경을 조성해야 한다.

또한 상사는 부하 직원이 업무에서 좋은 성과를 거둘 수 있도록 지원해야 한다. 환경을 조성하라는 말은 부하 직원 각자의 행복감이나 충실감과 회사에 대한 공헌이 양립할 수 있도록 균형을 맞추라는 의미다. 상사는 부하 직원을 지원해줄 뿐만 아니라 부하직원의 의욕을 북돋울 수 있어야 한다.

유대관계를 만들기 전에 환경을 조성하라

기업은 고객에게 CS(Customer Satisfaction, 고객만족)를 제공한다. 고객을 만족시키려면 고객이 요구하고 희망하는 이상의 것을 끊임없이 제시해야 한다.

고객의 요구에 부응하려면 어떻게 해야 할까?

먼저 고객에게 상품이나 서비스를 제공하는 담당자 스스로 회사에 만족해야 한다. 그것이 선결되어야만 고객도 만족감을 느낀다.

그 회사의 사원이 계속해서 '직장 환경이 나쁘다', '상사가 마음에 안 든다', '인사 평가가 제멋대로다'라는 불만을 느끼고 있으면 CS는 실현될 수 없다. 부하 직원은 상사에게 고객과 같은 존재다. 그래서 고객의 CS를 달성하려면 그보다 먼저 자기 밑에 있는 '고객'인 부하 직원에게 CS를 제공할 수 있어야 한다.

부하 직원이라는 고객의 CS를 이루려면 우선 그에게 어떠한 요구사항과 고민이 있는지 파악해야 한다. 부하 직원에게 어떠한 욕구가 있는지, 승진이나 승급에 얼마나 열의를 느끼는지, 교육 연수를 희망하고 있는지, 새로운 경험을 할 기회를 갖고 싶어 하는지, 직장 환경이나 분위기에 뭔가 바라는 점이 있는지, 경쟁회사가 밀치고 들어와 상사가 지원해주기를 원하고 있지는 않은지, 개인적인 고민으로 힘들어하고 있지는 않은지 등등 부하직원이 무엇을 원하는지 파악해야 한다. 상사는 부하 직원의 배후에서 희망사항을 들어주고 그들의 불안과 고민을 해소시키기 위해 조언을 해준다. 그것이 상사의 숨은 역할이다.

부하 직원의 마음을 간단하게 사로잡으려면 '내 밑에서 일하는 것이 너에게는 이익이다' 라는 인식을 심어주어야 한다. 부하 직원은 '상사가 진정으로 자신의 일을 염려해준다' 라고 느꼈을 때 무조건 상사를 추종하고 일도 열심히 한다.

그러나 아무리 상사의 처지에서 부하 직원이 고객이라고 해도 그들을 왕처럼 대접해 무턱대고 봐주어서는 안 된다. 우선은 부하 직원에게 기회를 주고 적극적으로 지원하며 그들의 사기를 북돋운다. 또한 늘 조언을 아끼지 않으며 발전적인 방향으로 그들을 이끈다. 그래도 일할 의욕을 보이지 않는 부하 직원은 과감히 그 업무에서 제외시킨다. 훌륭한 상사가 되려면 맺고 끊는 법도 알아야 한다.

상사는 때로는 부하 직원을 위해 자신을 희생하겠다는 각오가 있어야 한다. 그것은 상사의 업무 가운데 가장 기본이 되는 사항이다. 상사가 희생정신을 보이면 부하 직원은 마음 속 깊이 감격해 그에게 강한 신뢰를 느낀다.

부하 직원의 멘토르가 되어라

멘토르(mentor, 후견인)라는 단어가 있다. 이 말은 그리스 신화에서 오디세우스가 자신의 친구인 멘토르에게 아들의 교육을 부탁한 것에서 비롯되었다.

미국의 몇몇 회사들은 멘토르 제도를 인재 육성 시스템으로 적용한다. 이들 멘토르는 신입 사원들에게 적절한 조언을 해주거나 도움이 될 만한 인물을 소개해준다. 그래서 경험이 미숙한 사회 초년병들은 멘토르의 아낌없는 지원을 받아 당당한 비즈니스맨으로서 성장한다.

비즈니스 업계에서 성공하려면 자신의 멘토르를 적극적으로 찾아야 한다. 또한 상사는 자신이 부하 직원의 멘토르가 될 수 있도록 노력해야 한다.

그것은 생각만큼 어렵지 않다. 부하 직원이 자신에게 뭔가 의논을 하러 오면 마치 부모처럼 정성껏 조언해주고 진정으로 도와주고 싶다는 태도를 표시하라.

물론 진정한 멘토르가 되려면 부하 직원을 위해 자신의 시간을 할애하는 것쯤은 감수해야 한다. 부하 직원이 뭔가를 요청해왔을 때 "지금은 바빠서 안 되겠네" 혹은 "나중에 하지"라고 차갑게 대답한다면 다시는 자신을 찾아오지 않을 것이다. 그것은 관리자로서 최악의 매니지먼트 방법이다. 그렇게 하면 부하 직원의 업무 의욕은 땅에 떨어진다. 상사는 아무리 바쁘더라도 일단은 "의논할 것이 있으면 말해보게"라고 부하 직원에게 따뜻하게 대해야 한다.

내가 존슨 앤 존슨에서 상무로 있을 때의 일이다. 그 당시 영국인 사장에게 "잠시 시간 좀 내어주실 수 있을까요?"라고 요청하자 그는 "자네라면 없는 시간이라도 만들어야지"라고 친절하게 말해주었다. 나는 그 말에 꽤나 감격을 받았다. 이처럼 태도나 표현 하나만으로도 부하 직원에게 좋은 인상을 심어줄 수 있다.

멘토르가 되려면 부하 직원에게 늘 흥미를 가져야 한다. 부하 직원의 일을 남의 일이라 생각하지 않는 마음가짐을 습관화하라는 말이다. 그것은 부하 직원을 인간으로서 존중하고 그의 개성과 존엄성을 해치지 않도록 배려해야 한다는 의미도 된다.

부하 직원을 배려하는 습관을 들이면 그가 말하는 본뜻을 꿰뚫을 수 있는 통찰력을 기를 수 있다. 부하 직원에게 관심을 갖는 것은 당연한 일이지만 그에게 지속적으로 관심을 쏟지 않으면 그의 속마음은 알 수 없다. 상사는 부하 직원이 입 밖으로 내지 않는 본심을 간파할 줄 알아야 한다. 단 부하 직원의 비밀을 눈치 챘을 경우에 그것을 타인에게 절대 누설해서는 안 된다.

상사는 부하 직원의 상담자로서 조언을 아끼지 말아야 한다. 그러나 그들의 모든 질문에 대답할 수는 없다. 그렇다면 자신이 상담해줄 수 없는 질문을 받았을 때는 어떻게 대처해야 할까?

나는 상사의 역할은 부하 직원이 올바른 방향으로 나아갈 수 있도록 도와주고, 긍정적인 생각이나 태도를 지닐 수 있게 지원해주는 것만으로도 충분하다고 생각한다. 중요한 것은 부하 직원의 질문에 대답을 할 수 있느냐 없느냐가 아니라 그와 함께 고민하는 태도를 보이느냐 보이지 않느냐다. 부하 직원의 일을 내 일처럼 고민하는 모습만으로도 부하직원의 신뢰를 얻을 수 있다.

이따금씩 부하 직원이 업무와는 상관없는 개인적인 문제를 상담해오는
경우가 있다. 사람은 종종 이성보다 감성으로 행동하며 그것들이 결집되
어 하나의 인격체가 형성된다. 회사와 가정 혹은 공과 사를 명확하게 구분
하기 어렵다. 그러므로 부하 직원이 사적인 고민을 의논하러 찾아와도 업
무와 관련이 없다는 이유로 거부해서는 안 된다.

오히려 부하 직원이 개인적인 문제를 의논해온다는 것은 상사를 신뢰하
고 있다는 아주 좋은 증거다.

단점은 더욱 칭찬하라

부하 직원을 키우면서 업무도 잘 하는 상사에게는 공통점이 한 가지 있
다. 그것은 남의 장점을 먼저 보려고 한다는 사실이다. 지금까지 내가 줄
곧 중요한 습관이라고 지적한 것과 같다. 사람들은 대체로 다른 사람의 결
점을 먼저 보려고 하는 경향이 강하다. 포장마차에서 술잔을 기울이는 샐
러리맨들을 보라. 그들은 항상 상사나 직장 동료의 험담을 늘어놓고 있지
않는가?

대부분의 사람들은 보조개를 예쁘다고 생각한다. 그러나 자기 마음에만
들면 흉한 곰보 자국이라도 보조개처럼 예쁘게 보이는 법이다. 그러므로
조직에서 성장하려면 상대방의 곰보 자국도 보조개처럼 예쁘게 보려고 노
력해야 한다.

남의 단점까지 장점으로 받아들이면 자연스레 상대방을 칭찬할 수 있다. 칭찬은 사회생활을 하는 데 매우 중요한 습관이다. 나에게는 모 증권 회사 지점장을 지내는 친구가 있다. 그는 여자 부하 직원만 30명을 거느리고 있는데 늘 우수한 업무 실적을 낸다. 그에게 부하 직원을 지도하는 비결을 물어보면, 그는 "부하 직원을 수시로 칭찬하는 것일세"라고 담담하게 대답한다.

상대방을 칭찬하고 격려하는 습관은 모든 인간관계를 호전시킨다. 그러므로 직장 내에서 부하 직원과 신뢰관계를 구축하려면 이 사항을 반드시 숙지해야 한다. 특히 난해한 프로젝트를 맡거나 곤란한 상황에 빠진 부하 직원에게 사소한 격려의 말이라도 일단 던져보라. 그러면 부하 직원은 금세 자신감을 회복해 목표를 달성하고자 하는 의욕이 넘친다. 그것은 결국 팀 전체의 업무 실적 향상으로 이어진다.

일본의 해군 제독 야마모토 이소로쿠는 "일단 시켜보고, 하는 것을 지켜본 후 칭찬을 해야 사람은 움직인다"라는 말을 남겼다. 그것은 부하 직원들의 마음을 사로잡는 그만의 비법이었다. 부하 직원을 키우려면 그가 바라는 것이 무엇인지 핵심을 파악하고 칭찬하는 습관을 길러야 한다.

그렇다면 흔히들 어려워하는 칭찬과 격려는 어떻게 해야 할까?

나에게는 이런 경험이 있다. 모 회사에서 사장으로 있던 시절 밤 8시까지 잔업을 마치고 문을 열자 사무실에는 5~6명의 부하 직원들이 열심히 일을 하고 있었다. 그래서 발걸음을 멈추고 "모두 고생이 많군. 그럼 좀더 수고해주게나"라고 친근하게 격려하고 퇴근했다. 그런데 그날 내가 부하 직원들에게 던진 격려의 말이 일부 사원들의 불만을 야기했다. 예컨대 "자신도 자주 야근을 하고 있는데 한 번도 사장이 그렇게 위로해준 적이 없다", "항상 야근을 하던 내가 가끔 일찍 가는 날에만 사장이 사원들을 칭찬하다니 너무 억울하다"라고 말이다. 물론 그것도 나중에 술자리에서 나온 말들이지만 그날 일찍 돌아간 사원들이 꽤나 화가 났다고 한다.

그 경험으로 나는 칭찬과 격려도 TPO(시간, 장소, 그리고 상황)에 따라 해야 한다는 교훈을 얻었다. 상사는 칭찬받는 부하 직원뿐만 아니라 그렇지 못한 이들의 마음까지도 헤아려주어야 한다.

실수를 나무라지 말고 주의를 주어라

부하 직원을 칭찬하기는 어렵다. 그러나 나무라는 것은 더 어렵다.

부하 직원에게 불만이 있을 때 상사는 다음과 같은 5가지 태도를 보인다.

① 아무 말도 하지 않고 무시한다.

② 주의를 준다.

③ 꾸짖는다.

④ 화를 낸다.

⑤ 해고한다.

아무 말도 하지 않고 무시하는 것과 해고하는 것은 예외로 하고, 주의를 주고 꾸짖으며 화를 내는 등의 3가지 태도는 언뜻 보기에는 비슷하지만 실제로는 매우 다르다. 이중에서 '화를 내는 태도'가 가장 감정적이다. 또한 '꾸짖는 태도'보다는 '주의를 주는 태도'가 이성적이며 객관적이다.

'화를 내는 태도'에는 이성은 없고 감정만 있다. 비즈니스맨이 회사라는 사회적인 공간에서 부하 직원에게 화를 낸다는 것은 매우 위험천만한 일이다. 큰소리로 야단을 들으면 부하 직원은 반항심이 일어 상사의 본뜻을 이해하지 못한다.

그러므로 직장 내에서는 아무리 부하 직원이 큰 잘못을 저질렀더라도 주의를 주는 정도로 그쳐야 한다. '꾸짖는 태도'는 '화를 내는 태도'만큼은 아니더라도 이성보다는 감정이 훨씬 앞서 있다. 그러나 '주의를 주는 태도'에는 객관적으로 보았을 때 관리자라는 자신의 직책을 이행한다는 뉘앙스가 더욱 강하게 풍긴다.

단 부하 직원에게 주의를 줄 때 반드시 삼가야 할 것이 있다. 그것은 상대의 '인격에 대해서는 꾸짖지도 주의를 주지도 말아야 한다'는 점이다. 관리자의 책임을 다하고자 부하 직원에게 주의를 준다고 해도 그것이 상대의 인격을 건드리는 발언이라면 오히려 역효과를 불러올 수 있다.

따라서 부하 직원에게는 그의 인격이 아니라 구체적으로 잘못된 점을 지적하라. 예컨대 "이 업무의 이 부분이 회사가 기대한 것보다 못 미치고 있다네"라고 일의 진행 상황을 지적하는 편이 올바른 주의 방법이다. '죄는 미워해도 사람은 미워하지 마라'라는 격언처럼 말이다.

그리고 부하 직원을 나무라거나 주의를 준 뒤에는 반드시 뒷마무리를 해야 한다.

나의 경험에 비추어보면 부하 직원에게는 '여덟 번 칭찬하고 두 번 주의 주기'를 균형적으로 실행하는 편이 좋다. 부하 직원이 그다지 대수롭지 않은 성과를 올렸더라도 그것을 들추어내서 평소에 수시로 칭찬하라. 그렇게 해서 칭찬하는 양을 80% 정도로 맞추고 나서 나머지 20% 정도를 꾸짖어야 효과를 볼 수 있다.

부하 직원과 원만한 인간관계를 유지하려면 주의보다는 칭찬을 훨씬 많이 해야 한다.

부하 직원의 위치에서 보면 상사에게 칭찬을 받는다는 것은 '상사에게 인정받고 있다' 혹은 '신뢰받고 있다'는 느낌을 준다. 서로 간에 신뢰감이 없는 상태에서 상사가 일방적으로 부하 직원의 잘못을 나무라기만 한다면 아무런 효과가 없다.

아울러 최악의 상사란 직접 당사자에게 주의를 주는 것이 아니라 제삼자에게 그의 험담을 하거나 불만을 늘어놓는 유형이다.

가슴, 그 가연물에 불을 붙여라

관리자의 역량은 부하 직원들의 의욕을 얼마나 잘 불러일으키는지로 판가름 난다. 조직원의 사기 진작에 관한 주제는 이미 마키아벨리의 『군주론』에서도 등장한 바 있다. 물론 학문적인 연구를 살펴보아도 재미있겠지만, 여기서는 내가 경험적으로 깨달은 부하 직원의 기를 살려주는 방법을 소개하겠다.

다음은 부하 직원의 가슴에 불을 지피는 8가지 습관이다.

① 경청한다.

사기 진작의 기본은 대화다. 그리고 대화는 상대방의 이야기를 유심히 들어주는 것이 핵심이다. 그러므로 자신의 귀와 '마음'으로 성심을 다해 부하 직원의 이야기를 경청하는 습관을 들여라.

② 정보를 제공한다.

의욕을 불러일으키려면 부하 직원에게 나름의 정보를 제공해야 한다. 부하 직원이 원하는 정보는 2가지다. 첫째는 회사의 현재 상황이나 문제점, 과제, 사원에게 요구하는 사항과 같은 '회사의 현상'이다. 둘째는 회사의 방향성, 미래에 대한 청사진과 같은 '회사의 장래성'이다.

③ 대의명분

사람은 대체로 이익이 있어야 움직인다. 비즈니스 업계에서는 이익뿐만 아니라 플러스알파를 제시해야 부하 직원에게 동기를 부여할 수 있다. 다시 말해 이익을 추구해야 하는 '대의명분', 즉 기업의 사명이나 이념이 있어야 한다.

건전한 긴장감을 불어넣어라

④ 이해 목표

기업의 목표는 조직원 개개인의 목표와도 부합되어야 한다. 다시 말해 기업의 목표는 사원들이 이해하고 공감할 수 있는 것이어야 한다. 그러므로 관리자들이 목표를 설정할 때는 부하 직원도 참가해 함께 상의할 기회를 주어야 한다. 그렇게 하면 부하 직원의 목표를 달성하려는 의욕은 더욱 고조된다.

⑤ 권한 위양

일단 부하 직원이 이해할 만한 목표를 제시한 후에는 당사자의 경험과 역량에 따라 실행하도록 업무를 도맡겨라. 위양은 신뢰감의 표출이다. 신뢰받으면 사람은 의욕이 생긴다.

⑥ 공정한 평가와 처우

신상필벌(信賞必罰, 공이 있는 사람에게는 상을 주고 죄가 있는 사람에게는 벌을 줌)은 부하 직원을 움직이게 하는 근본이다. 공정한 평가란 사원의 과반수 이상이 이해할 만한 평가기준이 사전에 설정되어 있고 당사자도 이의를 제기하지 않는 것이어야 한다.

⑦ 즐거움

상사가 부하 직원들에게 재미와 보람을 느끼게 하고 도전의욕을 불러일으키려면 '건전한 긴장감'이 넘치는 직장 분위기를 유도해야 한다.

⑧ 경쟁자를 명확하게 하라.

진보나 성장의 원천은 경쟁심에 있다. 경쟁자라는 존재는 다른 무엇보다 조직원의 의욕을 북돋우며 조직을 결속시켜준다.

가슴이라는 가연물에 불을 지피려면 위의 8가지 사항을 유념해서 부하 직원을 관리하라. 그러나 부하 직원에게 열정을 심어주려면 그 전에 상사인 자신부터 열정이 있어야 한다. 정작 본인의 가슴이 식어있는데 어떻게 다른 이의 가슴을 뜨겁게 만들 수 있겠는가? 그렇게 하면 설득력도 떨어진다.

피그말리온 효과를 노려라

영국의 극작가 버나드 쇼(Bernard Shaw)는 그리스 신화를 토대로 『피그말리온(Pygmalion)』이라는 희곡을 발표했다. 이 작품에서는 하류 인생을 사는 꽃 파는 아가씨 일라이자가 피커링 대령에게 "나는 늘 당신에게만큼은 숙녀예요. 당신은 항상 나를 숙녀로서 대우해주고, 또한 영원히 그럴 테니까요"라고 말하는 대목이 있다.

이것이 바로 '피그말리온 효과' 다. 사람에게 새로운 능력이나 기술을 주입시키려면 그가 이미 그러한 능력이나 기술을 습득한 것처럼 믿고 또 그렇게 대우해준다. 그렇게 하면 그는 실제로 그러한 능력을 가진 사람이 된다.

부하 직원은 상사가 "자네라면 이 업무를 할 수 있을 걸세"라고 일을 맡기면 책임감을 느낀다. 그래서 예외 없이 맡은 바 책임을 완수하기 위해 자기 나름의 궁리를 해서 열심히 일을 한다. 책임을 느끼면 사람은 성장하게 마련이다.

그런데 대부분의 관리자는 부하 직원에게 자신의 권한을 충분히 위양하고 있다고 생각한다. 그러나 부하 직원은 상사가 생각하는 것만큼 자신이 업무를 위양 받았다고 느끼지 않는다. 이러한 인식의 차이는 피그말리온 효과를 방해한다.

상사는 부하 직원이 스스로 '좀더 노력하면 목표를 달성할 수 있을 거야'라고 생각할 수 있도록 이끈 뒤에 가볍게 어깨를 두드려주면 된다. 또한 일을 맡길 때는 전적으로 부하 직원에게 책임을 지게 하라. 이 2가지 사항이 지켜져야 부하 직원에게 제대로 업무가 위양되었다고 할 수 있다.

비즈니스맨으로서는 유능하지만 부하 직원에게 업무를 위임하는 데는 서투른 관리자가 의외로 많다. 그들은 자신의 능력이 너무나 뛰어나기 때문에 다른 사람에게 시원스레 일을 맡기지 못한다.

자신의 능력이 아무리 뛰어나도 부하 직원에게 권한을 위양하지 못한다면 훌륭한 관리자라고 보기 힘들다. 부하 직원이 성장할 수 있는 싹을 뿌리째 뽑아서는 안 된다. 그것은 회사와 부하 직원 모두에게 큰 죄를 범하는 것이다. 어떤 프로젝트를 추진할 때는 사전에 광범위한 가이드라인을 확실히 세워라. 그리고 부하 직원에게 일을 위양하라. '지나치게 맡기지 않아서' 성공하는 것보다 '너무 맡겨서' 실패하는 편이 중장기적으로 볼 때 부하 직원을 성장시킬 수 있다. 그것은 자신과 회사가 모두 성장할 수 있는 지름길이다. 그러니 반드시 염두에 두고 실천하라.

권한을 위양하는 구체적인 방법은 다음과 같다.

① 어느 부하 직원에게 얼마만큼 권한을 위양할지 사전에 시험해본다.
② 위임한 후에도 정기적으로 진행 상황 정도는 보고를 받을 수 있게 조처한다.
③ 필요에 따라 지도하거나 조언한다.
④ 모든 업무의 최종 책임은 자신이 진다.
⑤ 결과는 공정하게 평가하고 그에 맞게 처우한다.

위의 5가지 요소를 기억해 권한을 위양하는 습관을 습득하면 결과적으로 부하 직원의 신뢰를 얻을 수 있다.

실패를 관리하는 3가지 태도

매니지먼트란 지극히 평범한 사람에게 비범한 일을 시키는 기술이다. 남들과 다를 것 없는 예사로운 부하 직원이 어려운 업무에 도전하면 실패할 확률이 높다. 그러므로 부하 직원에게 업무를 맡길 때는 그의 실패도 관리하겠다는 각오가 있어야 한다.

내가 습관적으로 실행하는 매니지먼트의 3가지 핵심 요소를 공개한다.

① 부하 직원에게 다소 높은 목표를 제시한다.

실패할 위험을 막고자 너무 간단한 목표만을 부여한다면 부하 직원은 성장할 수 없다. 상사는 부하 직원을 서포터(supporter)로서 지원하고 프로모터(promoter)로서 의욕을 북돋아주어야 한다.

② 부하 직원의 업무 진행 방식에 대해 사사건건 간섭하지 않는다.

부하 직원의 업무 방식이 다소 못마땅하더라도 그것을 입 밖으로 표현해서는 안 된다. 미국 해군들은 "구축함의 함장은 혀에서 피가 나오기 전까지는 입을 다물어야 한다"라고 표현한다. 부함장을 당당한 함장으로 성장시키려면 그의 방법이 서투르고 조금은 핵심에서 벗어나더라도 지적하고 싶은 마음을 꾹 누르고 지켜봐주어야 한다는 뜻이다. 물론 그것이 장래에 커다란 문제가 될 소지가 보이는 경우에는 별개지만 대부분의 상황에서는 어느 정도 눈감아 줄 줄도 알아야 한다.

③ 두 번까지는 실패해도 용서한다.

'크게 망하지 않으면 크게 성공하지 못한다'라는 말이 있다. 부하 직원이 크게 성공하기를 바란다면 실패를 무릅쓰는 자유를 두 번까지는 줄 정도의 도량을 가져라. 첫 번째 실패는 경험이나 훈련이 부족했기 때문이므로 용서한다. 두 번째 실패하면 기본적으로 그 부하 직원의 능력에 회의가 들지도 모르지만 한 번 더 눈감아 주어라.

한 번의 실패도 용서하지 않는다면 부하 직원은 위축되어 일할 의욕을 잃는다. 그것은 크게 성장할 수도 있는 부하 직원의 불씨를 꺼트리는 행동이다.

물론 부하 직원을 지도하는 방법은 관리자마다 조금씩 다르고 여기서는 내가 경험적으로 터득한 3가지를 요약해서 소개한 것뿐이다.

부하 직원이 가장 원하는 부분을 평가하라

우선 부하 직원을 잘 다루려면 다장근(다면적, 장기적, 근본적)의 원칙을 적극적으로 활용하라.

사람이나 사물을 다면적으로 보고 장기적으로 접근하며 근본을 추구하라는 말이다. 문제를 해결하고자 고심할 때 이 원칙을 참고하면 좀더 깊고 폭넓게 생각할 수 있어 좋은 해결방안을 강구할 수 있다. 그렇다면 다장근의 원칙을 부하 직원을 지도하는 데 응용하면 어떨까?

예컨대 부하 직원이 보고할 때 "자네의 취지는 알겠네. 그것을 장기적인 관점에서 보면 어떤 이득이 있는가?"라고 되묻는다. 또한 "시각을 바꿔서 그 밖의 아이디어가 또 있는가?"라고 다면적으로 검토하도록 유도한다. 나아가서는 "그 건의 핵심은 무엇인가? 자네가 본질적으로 추구하고자 하는 목적을 알고 싶네"라고 사물의 사고방식이나 업무의 진행방식을 지도한다.

나는 의식적으로 그러한 방법으로 부하 직원과 의사소통을 한다. 다장근을 기본으로 한 지도 방법은 상사의 처지에서도 상당히 많은 공부가된다.

다음으로 결과와 과정 중 어느 부분에 중점을 둘 것인지 스스로 명확하게 인식하라. 즉 업무를 평가할 때 결과를 중시할지 과정을 중시할지 정해두어야 한다.

일본의 비즈니스맨들 중 80% 이상이 결과에 70~80%, 과정에 20~30%의비중을 둔다고 대답한다. 한편 미국의 비즈니스맨의 경우에는 90% 이상의답변자가 결과가 90~100%로 중요하고 과정은 거의 고려하지 않는다고 한다. 업종이나 직종에 따라 차이가 있겠지만 대체로 일본인이 미국인보다과정을 더 중시하는 듯하다.

나도 결과만을 평가하는 것은 잘못된 판단이라고 생각한다. 지금까지경험적으로 터득한 바에 따르면 결과와 과정의 비율을 7 대 3 정도로 두는것이 가장 적당하다.

비즈니스 업계에서는 당연히 결과가 중요하다. 일류 비즈니스맨은 '회사에 좋은 결과를 보고하는 사람'이다. 그러나 결과가 좋다고 해서 과정이 잘못되어도 상관없다는 말은 아니며 과정을 20~30% 정도는 평가해야한다.

부하 직원의 업무를 평가할 때 결코 결과에만 정신이 팔려 과정을 놓치지 말아야 한다. 현재 부하 직원이 하고 있는 업무가 장기적인 관점에서 볼 때 이득이 되는 일인지 혹은 장래를 위한 투자인지를 확실하게 평가해야 한다. 눈에 띄지는 않지만 최선을 다해 올바른 방법으로 업무를 추진하고 있는 부하 직원의 노력을 헛되이 해서는 안 된다.

결과를 평가할 때는 부하 직원이 어떠한 방법과 과정으로 달성했는지를 충분히 듣고 전체적으로 판단하라. 결과와 과정을 모두 중시해서 평가해야만 부하 직원을 올바르게 성장시킬 수 있다.

마지막으로 가장 중요한 것은 부하 직원에게 책임의식을 심어주는 것이다.

업무를 추진할 때 그 건에 관해서는 전적으로 스스로 책임을 진다는 생각을 갖게 하라. 다른 사람에게 책임을 전가하느냐 자신의 책임으로 돌리느냐 하는 것은 어떤 의미에서는 습관과 같다. 자신이 맡은 바 임무에 책임을 지는 습관을 들이면 자연스레 인간관계 형성에도 좋은 영향을 미친다.

또한 사원들 개개인이 책임의식을 지니고 일을 하면 그것이 고스란히 기업 문화로 정착된다. 성장하는 기업은 당연히 스스로 책임을 지는 기업이다. 성장하는 사람은 스스로 책임을 진다. 문제를 스스로 책임지려는 습관은 자신뿐만 아니라 부하 직원도 성장시킬 수 있다.

습관 4 기본을 연마하라

- 책을 마음의 스승으로 삼아라
- 최고가 되겠다는 마인드를 가져라
- 집중력을 키워라
- 아침시간을 활용하라
- 자신이 말한 것을 반드시 실행하라
- 가족은 소중한 존재다. 책임감을 가져라

7장

기본을 알면 업무 능력이 향상된다

당시 초등학생이었던 나는 종전 직후 황량했던 거리를 거닐고 있었다. 그 길에서 체격이 건장한 미군들이 지프차를 타고 종횡무진 거리를 누볐다. 그 광경을 보고 나는 '이제부터는 세계가 내 무대다. 그렇다면 세계를 어깨에 짊어지고 활약하는 멋진 비즈니스맨이 되겠어!' 라고 다짐했다. 그렇게 해서 나와 영어의 인연은 시작되었다.

처음에는 중학교를 다니던 누나에게 영어를 배웠다. 그리고 나서 영화관에서 시나리오 교본을 한 손에 들고 스크린에서 들려주는 배우들의 대화 내용을 들으면서 살아 있는 영어를 접했다. 또 교회에 가서는 외국인 목사와 대화를 나누기도 했다. 이러한 경험을 통해 나는 어학 학습의 귀중한 노하우를 습득할 수 있었다.

영어 실력을 향상시키려면 밤낮으로 그것에 매달려야 한다. 그래서 잠꼬대까지 영어로 할 정도가 되어야 한다. 언어는 곧 습관이다. 흔히들 영어권으로 어학연수를 가는 것도 언어가 생활화 되어야 쉽게 배울 수 있기 때문이다.

그러나 비즈니스맨이 학생들처럼 유학을 가기는 힘들다. 그래서 차선책으로 일생 생활 속에서 영어를 접하는 기회를 가능한 한 늘려야 한다. 내가 선택한 방법은 '카라테' 학습법이다. 즉 카세트테이프, 라디오, TV(혹은 VTR)를 활용한 방법으로, 여기서는 구체적인 '카라테' 활용 방법을 소개하겠다.

카라테 학습법으로 공부하라-공부법①

① 카세트테이프 활용술

나는 다양한 목소리로 녹음된 카세트테이프를 늘 근처에 둔다. 업무나 회의를 하는 중간 중간이나 아침에 일어났을 때, 잠자기 전 등에 듣는 것은 이미 습관으로 정착된 지 오래다. 특히 차로 이동중이거나 집이나 호텔에 누워 있을 때에는 눈으로 읽는 것보다 귀로 듣는 것이 효과적이다.

셸 석유회사의 오사카 지점에 근무할 때 한 영업 사원 선배의 이야기다. 그는 영업을 하러 거래처에 방문하는 이동시간이나 고객을 잠깐 기다리는 자투리 시간 등에 영업용 차량에 비치된 일상 스페인어 카세트테이프를 2년 동안 줄기차게 들었다고 한다. 그 결과 그는 스페인어를 자유자재로 구사할 수 있었다. 카세트테이프를 들으면서 외국어를 공부하는 것은 매우 흔한 일이다. 그러나 그 선배처럼 뚜렷한 목적의식을 가지고 그 것을 활용하면 어렵게만 생각되던 외국어도 의외로 쉽게 정복할 수 있다.

② 라디오 활용술

NHK 라디오에서는 '쉽게 배우는 비즈니스 영어'와 같은 어학 프로그램 이 수시로 방송된다. 그래서 많은 사람이 어학을 공부할 때 라디오를 이용 하려고 하지만 작심삼일로 끝나는 경우가 허다하다. 이때는 인기 순위로 1, 2위를 차지하는 배우기 쉽고 재미있는 프로그램을 선택하라. 또한 녹음 을 해두고 나중에 다시 들으면 한결 쉽게 습관화할 수 있다. 나는 집에서 유선방송을 신청해 BBC를 실시간으로 청취한다.

③ TV 활용법

요즘에는 TV에서도 뉴스나 영화를 2개 국어로 방송하는 프로그램이 늘 고 있다. 원하는 언어를 선택하면 외국어 방송을 생생하게 들을 수 있으므 로 쓸모없는 TV 방송을 멍하게 보던 습관을 고쳐서 가끔은 영어로 바꿔 보라. 본인이 영화를 좋아한다면 그것부터 도전하라. 나는 위성방송이나 CNN 뉴스를 자주 본다. CNN 뉴스는 세계 각국에서 일어나는 사건들을 그 나라의 생생한 언어로 흘려보내기 때문에 어학을 공부하는 데 큰 도움이 된다.

'카라테' 학습법은 주로 귀로 듣는 것이지만, 눈으로 보는 학습법을 무 시해서는 안 된다. 그렇다고 해서 생각날 때마다 뜬금없이 하루에 몇 시간씩이나 영어 책을 읽는 것은 바람직하지 않다. 그보다는 10분이나 15분이라도 좋으니 영어로 된 문장을 매일 읽는 습관을 들여라.

영어를 습관화하려면 우선 중학교 교과서를 복습하는 것부터 시작하라. 중학교 책에는 기본적인 영어 표현이 모두 포함되어 있어 쉽게 접근할 수 있다. 좀더 욕심을 내서 교과서를 통째로 암기할 정도로 반복해서 읽어도 좋다.

교과서를 암기한 이후에는 다음 단계로 영어로 된 신문이나 잡지 혹은 책에 도전하라. 효과를 보려면 가능한 한 자신이 좋아하는 분야를 선택한다. 나는 베스트셀러 작가인 시드니 셀던의 모든 작품을 원서로 읽었다. 그의 작품은 문장이 간단명료하고 스토리가 기발해서 매우 흥미롭기 때문이다. 이왕이면 영어 공부뿐만 아니라 독서하는 즐거움도 얻을 수 있는 책이 영어를 습관화할 수 있는 비결이다.

책을 읽을 때는 모르는 단어가 나와도 일일이 사전을 찾지 말고 과감히 넘겨라. 의외로 계속해서 읽다보면 전후 문맥으로 의미를 파악할 수 있는 경우가 많다. 그렇게 하면 영어에 대한 직감력도 키울 수 있다. 단 그 단어의 의미를 모르면 문장 전체를 이해할 수 없는 경우에는 반드시 사전을 찾고 넘어가라.

눈과 귀를 충분히 훈련시켰으면 좀더 차원이 높은 단계로 나아가자. 영어를 예로 들면 영어 검정시험이나 토익(TOEIC), 토플(TOEFL), 통역 가이드 자격시험 등을 목표로 공부하라. 나는 학교 때 영어 검정시험 1급, 통역 안내 자격, 케임브리지 대학의 상급 영어시험에 합격했다. 자격시험은 뚜렷한 형태가 있으면서 기한을 설정해서 공부할 수 있기 때문에 자신의 의지를 북돋우며 도전하는 최고의 방법이다. 만약 시험에 떨어졌다 하더라도 도전하는 과정을 통해 어학실력은 상당히 는다. 또 한두 번 도전하지 말고 매년 습관적으로 시험을 보는 방법도 좋다.

단계별 실력 향상 스텝법-공부법 ②

꾸준히 노력하는 것만이 성공의 왕도다. 그것은 어학을 공부할 때도 마찬가지다. 지속적으로 착실하게 노력하면 어학이라는 것은 자연히 일정 단계에 도달하게 마련이다.

그러나 앞에서도 말했듯이 실력선과 자기 인식선에는 차이가 있다. 자기 인식선은 대체로 평행한 상태(심리학의 고원현상(plateau phenomenon), 일정기간 진보가 정체되어 학습효과가 나타나지 않는 현상)에 빠져 좀처럼 오르지 않는다. 그러나 일정 단계에 도달하면 실력이 향상되었다고 돌연 인식한다. 영어를 잘 하려면 이러한 자기 인식선의 완급 단계를 여러 번 넘어야 한다.

가장 주의해야 할 것은 좀처럼 실력이 늘지 않는 자신을 원망하며 실제로 향상되기 직전에 포기하는 경우다. 향상도가 낮은 시기일수록 실력을 인식하지 못하는 망각 정도는 심하기 때문에 어학 실력이 일시에 뚝 떨어진다. 영어 공부를 시작한 이상 영어 검정시험 2급 수준까지는 노력해야 그 동안 공부한 보람이 있지 않겠는가?

꾸준히 노력해서 어학을 학습한 사람은 그것을 다른 분야를 공부하는 데도 활용할 수 있다. 마케팅 분야를 예로 들어보자.

① 마케팅 관련 분야를 '카라테'로 공부한다.

② 쉽게 쓰인 마케팅 책을 한 권쯤 독파한다.

③ 마케팅 관련 자격시험에 도전한다.

이것이 바로 스텝법이다. 단계를 밟아가며 끊임없이 자신을 자극하면 분명히 좋은 결과를 얻을 수 있다.

비중에 따라 책을 4단계로 구분하라 - 정보술①

친구들이 종종 나를 보고 "참새가 방앗간을 못 지나치듯이 아타라시는 책방을 그냥 지나치지 못해"라고 말한다. 나는 정말로 서점을 발견하면 들르지 않고는 못 배길 정도로 책을 좋아한다. 서점에 들어가서는 제목이 마음에 들고, 좋아하는 저자의 작품이며, 살까 말까 망설여지는 책이면 무조건 일단은 사고 본다. 그 결과 하루에 적어도 한 권은 구입하는 습관이 생겨 지금까지 안 읽은 책만도 1,000권에 달한다.

만약에 모든 책이 내게 똑같은 비중을 차지한다면 그 책 전부를 읽어야 하겠지만 나는 그렇게 생각하지 않는다. 내가 책을 읽는 요령은 이렇다.

'어려울 때 곁에 있어주는 친구가 진짜 친구다(A friend in need is a friend indeed)' 라는 말이 있다. 나는 그런 친구를 '마음의 친구' 라 부른다. 다행히 나에게는 경영자, 동양 철학자, 승려, 평론가 등 다양한 분야에 걸쳐 '마음의 친구' 가 있다. 그 중에는 멘토르(마음의 스승)로서 존경하는 친구도 여러 명 있다.

교제 정도로 친구를 분류하면 가벼운 사이부터 '알고 지내는 친구', '보통 친구', '친한 친구', '마음의 친구' 로 나눌 수 있다. 나는 책도 친구를 구분하는 것과 같이 분류한다.

필요한 부분만 골라 읽는 정도의 책은 '알고 지내는 책', 한 번쯤 신중하게 읽어야 하는 책은 '보통 책', 여러 번 반복해서 읽고 싶은 책은 '친한 책', 나아가서 늘 가까운 곳에 놓아두고 싶은 책은 '마음의 책' 이라 명명한다.

나의 '마음의 책' 은 『논어』, 『채근담』, 『언지사록』, 『햄릿』, 『리어왕』을 비롯해 서머셋 몸과 데일 카네기, 엔도 슈사쿠(일본의 대표적인 현대 소설가), 야스오카 마사아쓰, 피터 드러커의 작품들이다.

효율적으로 독서를 하려면 책장에 있는 책들을 놓고 자신에게 있어 '진한 책' 과 '마음의 책' 이 무엇인지 분류해 보라. 물론 자신의 상황에 따라 책의 비중은 달라진다. 예를 들어 업무에 참고하려고 사두었던 '알고 지내는 책' 이 '보통 책' 이 되고, 나아가서 '친한 책', '마음의 책' 으로 책과의 교우 관계가 깊어지기도 한다. 또한 반대로 깊이가 얕아지는 경우도 발생한다.

최근 내가 신입 사원들에게 소개하는 책이 2권 있다. 하나는 피터 드러커의 『경영의 실제(The Practice of Management)』이다. 1950년대에 쓰인 책이지만 지금까지도 신선한 자극을 주는 결코 곰팡이가 피지 않는 명작이다. 다른 하나는 데일 카네기의 『인간관계론(How to Win Friends and Influence People)』이다. 곳곳에 사례를 많이 들어서 읽기 쉽고 인간관계를 가장 잘 배울 수 있는 필독서다. 물론 2권 모두 나의 '마음의 책'이다.

매직넘버 20%-정보술②

책은 목적에 따라 읽는 방법이 다른데, 보통 다음 3가지로 분류된다.

① 속독

시간이 없어 대강의 내용만을 알고자 할 때는 쭉 훑어서 읽어라. 모든 문장을 완전하게 읽는 것이 아니라 책장을 비스듬히 놓고 요점부터 파악하는 독서 방법을 말한다.

② 탐독

업무와 연관되어 특정한 부분을 알고자 하는 경우에는 필요한 부분만을 찾아내어 그 부분만을 주의 깊게 읽어라. 이것은 책을 사전처럼 보는 독서 방법이다.

③ 정독

전문서나 철학서, 애독서 등을 차분히 음미하고 공부하는 독서 방법이다. 저자의 마음을 미루어 짐작하면서 읽거나 자신의 감정을 확인하면서 책장을 넘긴다. 이처럼 마음의 책은 여러 번 정독한다.

위의 3가지 독서 방법을 필요에 따라 구분해서 사용하라.

많은 사람이 책은 반드시 시간을 들여서 읽어야 더욱 깊이 이해할 수 있다고 오해를 한다. 꼼꼼히 읽는 것과 시간을 들여서 읽는 것은 약간 차이가 있다. 속독법을 가르치는 학원들이 성황을 이루듯이 사실은 속독을 하는 편이 읽은 내용의 이해도는 높다. 실제로 대학생을 대상으로 조사한 결과에서도 단지 멍하게 시간을 들여서 하는 독서보다 요점만을 찾아가면서 빠르게 읽는 편이 내용을 이해하는 정도가 높은 것으로 나타났다.

많은 부모들이 아이에게 "그런 자세로 책을 읽으면 안 된다"라고 주의를 준다. 그것은 자세를 바르게 해야만 독서가 잘 된다고 생각하기 때문인데, 실제로 나는 전철 안에서 손잡이를 잡고서 읽거나 화장실이나 침대에서 자투리 시간을 이용해 읽는 편이 훨씬 집중이 잘 된다. 그러므로 자세나 환경은 독서의 이해도와 그다지 상관이 없다. 10분밖에 시간이 없어노 책을 읽을 수 있다.

중요한 것은 독서를 습관으로서 정착시키는 것이다. 독서는 익숙해지면 자세나 시간에 구애받지 않고 언제든지 할 수 있다. 또한 틈이 날 때마다 하는 독서가 의외로 머릿속에 오래 남는다. 어떤 독서든지 뚜렷한 목적이 있으면 그것으로 충분하다.

나의 독서술을 한 가지 더 소개하겠다. 이탈리아 경제학자 빌프레도 파레토(Vilfredo Pareto)는 '20 대 80의 법칙'을 주장했다. 그것은 기업을 예로 들면 20%의 핵심제품이 80%의 이익을 가져다준다는 원리를 말한다. 그렇다면 파레토의 법칙을 독서에 활용하면 어떨까? 한 권의 책을 파악하기 위해 모든 내용을 구석구석 읽을 필요는 없다. 탐독과 정독의 중간 정도로 직감을 이용해 필요한 부분을 찾아내어 읽으면 전체의 20% 정도만을 보고서도 80%의 내용을 이해할 수 있다.

그리고 책을 부분적으로 읽어 전체적인 내용을 이해한 뒤 정독을 해야 할 때는 그렇게 하면 된다.

또한 독서가 습관화되면 직감력이 높아져 제목이나 목차만을 보고서도 전체적인 내용을 어느 정도 알 수 있다. 사실은 나도 책장에 쌓아만 놓은 1,000권의 책의 제목과 목차 등을 대충 훑어보고 어떠한 책인지 내 나름대로 파악해두었다.

업무의 40%는 방치하라-자기관리①

비즈니스맨은 자신이라는 유한한 자원을 활용해 직무를 수행한다. 자신을 효율적으로 사용하면 비즈니스맨으로서 성공할 수 있지만 그렇지 않으면 시간을 낭비할 뿐이다. 그러므로 업무를 어떠한 기준으로 배분하는지가 매우 중요하다. 업무를 구분하는 핵심적인 3가지 방법은 다음과 같다.

① 업무의 중요도에 따라 분류한다.

우선 가장 먼저 업무의 중요도를 따져보라. 그러고 나서 중요도에 따라 자신의 업무를 구체적으로 다음 3가지로 나누어라.

㉠ 반드시 자신이 처리해야 하는 업무

㉡ 자신이 하면 좋지만 반드시 그렇게 하지 않아도 되는 업무

㉢ 자신이 하지 않아도 무방한 업무

이중 우선 세 번째 업무는 배제하라. 그리고 두 번째 업무 가운데 첫 번째에 가까우면서 자신이 하는 편이 이로운 것을 가려낸 후 나머지는 제거한다. 그리고 나서 두 번째에서 선택된 일부 업무와 첫 번째 업무에만 전념한다.

업무를 중요도에 따라 분류하면 평소 자신이 하는 업무 가운데 20~40%는 자신이 실제로 처리하지 않아도 된다.

많은 사람들이 필요 이상으로 상세하게 기획서를 작성하거나 컴퓨터로 간단하게 찾아낼 수 있는 정보까지 굳이 조사하러 외근을 나가는 경우가 적지 않다. 그러므로 가끔은 자신의 업무를 분석해 자신이라는 유한한 자원을 효율적으로 사용하라.

② 정보 기술을 활용한다.

기계나 정보 기술을 사용함으로써 자신의 업무를 경감할 수 있는지 검

토한다. 기계로 대신할 수 있는 업무는 기계에게 맡기고 자신은 생각하거나 창조해야 하는 업무에 매진한다. 예를 들어 편지를 쓸 때도 컴퓨터에 저장된 문서를 불러와 약간씩만 수정해서 보내도 상당한 시간을 절약할 수 있다.

③ 다른 사람의 도움을 얻을 수 있는지 생각해본다.

하청이 가능한지를 검토한다. 예를 들어 회사 내의 타부서에 발주를 내거나 아웃소싱을 할 수 있는지 파악하라. 이 부분은 관리자에게 특히 요구되는 능력이다.

이렇게 해서 3단계로 업무를 분류하는 것만으로도 효율성은 크게 향상된다.

급하지만 중요하지 않은 업무의 처리 방법-자기관리②

존슨 앤 존슨의 사장으로 재임하던 시절 나는 직속 상사인 프랭크 안젤리 회장에게서 정말 많은 경영 노하우를 배웠다. 그는 나에게 자주 이런 말을 했다. "일본인의 근로 욕구는 정말 대단해요. 그렇게 열심히 일하면서도 요령을 피우지도 않잖아요. 물론 그것은 대단히 큰 장점이지만 자칫 결점이 될 수도 있으니 주의해야 해요.

의욕이 강하기 때문에 무턱대고 이것저것 손을 대면 한 분야에 최선을 다하기 힘들거든요"라고 말이다.

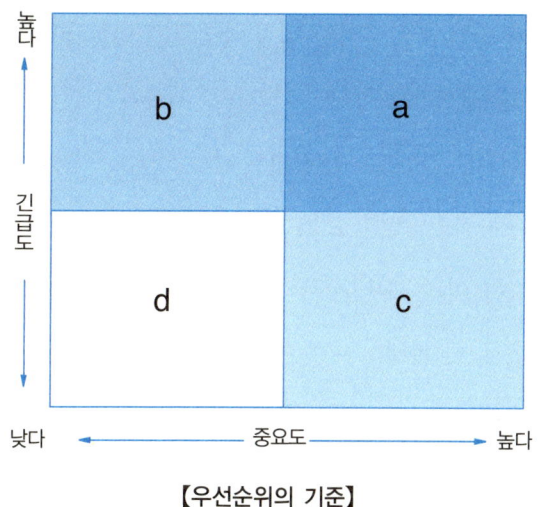

【우선순위의 기준】

확실히 한 사람이 1시간에 처리할 수 있는 업무의 양은 정해져 있다. 아무리 애를 써도 기껏해야 2~3건밖에 처리할 수 없으므로 일을 할 때는 우선순위를 매기는 것이 중요하다.

우선순위를 정하는 습관은 업무를 효율적으로 진행하는 기본적인 자질이다. 잘못된 습관을 들이면 그 폐해는 엄청나게 크다. 그래서 처음부터 올바른 습관을 길러야 한다.

나는 업무를 그림과 같이 네 부분으로 나누고 abcd 순으로 처리한다. 단 d는 가능하면 제외시킨다.

a. 중요도와 긴급도 모두 높은 업무

중요한 업무이면서 시간적으로도 급하게 서둘러야 하는 업무다. 예컨대 고객이 수억 엔 규모의 견적서를 내일 아침까지 내달라고 요청하면 만사 제쳐두고 철야를 해서라도 정해진 시간까지 제출해야 한다.

b. 중요도는 낮지만 긴급도는 높은 업무

중요도는 별로 높지 않더라도 기한이 정해지거나 긴급도가 높은 업무가 있다. 비즈니스는 어찌 보면 시간과의 싸움이다. 그래서 '일정 기한까지 해야만 하는 업무'에 관해서는 중요도는 다소 떨어지더라도 시간적인 긴급도를 인정해 신속하게 처리해야 한다.

c. 중요도는 높지만 긴급도는 낮은 업무

중요도는 높지만 오늘 아침이나 내일 아침처럼 당장 처리하지 않아도 되는 업무다. 예컨대 기업이념이나 장기 전략을 세우는 등의 과제는 회사의 입장에서 볼 때는 매우 중요하지만 그렇다고 해서 서둘러서 처리할 만한 일은 아니다. 그것은 시간적으로 여유를 두고서 충분히 검토해야 한다.

d. 중요도와 긴급도 모두 낮은 업무

중요하지도 않고 서두를 필요도 없는 업무를 말한다. 이러한 업무는 하지 않고 방치해두어도 무방하다. 오히려 자신이라는 자원을 소중하게 생각한다면 하지 않는 편이 낫다. 나는 '잘 선택하는 사람이 잘 버린다'고 생각한다. 방치해도 상관없는 업무는 가능하면 하지 마라.

1년에 300대를 판 자동차 세일즈맨-업무술①

대화를 해보고 나서 '이 사람은 진정한 프로다'라고 깊게 감명을 받은 사람이 있다.

그는 베테랑 자동차 세일즈맨으로 대단한 실적 보유자다. 자동차 세일즈에 첫발을 내딛은 해에는 20대, 다음 해에는 70대, 통산 11년째에는 모두 합쳐 1000대, 20년이 되었을 때는 3000대를 팔았다. 또한 연간 300대 이상의 차를 판 해도 여러 번이다. 한 해에 300대를 팔았다면 매일 한 대 꼴로 차를 팔았다는 이야기인데, 그것은 보통의 상식으로는 감히 상상도 할 수 없는 수치다.

그렇다면 그는 어떻게 하루에 한 대의 차를 팔 수 있었을까?

갑자기 흥미가 생긴 나는 그에게 성공 비결을 물어보았다. 그러나 그는 "특별한 비결은 없어요. 다만 기본을 충실히 지켰을 뿐이에요"라고 간단하게 대답했다.

그도 자동차 세일즈를 막 시작했을 당시에는 매일 카탈로그와 명함을 들고 오전에 20군데, 오후에 30군데를 영업하러 뛰어다녔다고 한다. 50장이나 되는 명함을 전부 뿌릴 때까지 영업소로 되돌아오지 않겠다고 굳게 결심했다. 곳곳의 회사를 방문해서 총무에게 얼굴 도장을 찍고는 운전사 대기실로 발을 옮겼다. 그들과 자동차에 관한 전반적인 대화를 나눔으로써 현장에서 필요로 하는 자동차에 대한 요구 사항을 자연스레 터득하게 되었다. 그에게는 그것이 살아있는 학교인 셈이었다.

물론 판매 노하우도 있다. 그러나 그것은 예의, 복장, 업무 수순 중시, 고객 제일주의, 목표관리와 같은 지극히 평범한 것들뿐이다.

나는 그에게 판매를 관리하는 특별한 방법을 알려줄 수 없겠냐고 물었다. 그러자 그는 고객 카드와 계절 인사, DM 발송, 매일 5군데 이상씩 전화하기 등이라고 대답했다. 이것 역시 다른 사람과 별로 다르지 않은 방법이었다.

그렇다면 대체 그의 성공 비결은 무엇이란 말인가?

나는 내 나름대로 그의 성공비결은 '마인드'와 '인간적 능력'이 핵심이라고 결론을 내렸다.

내가 살펴본 바에 따르면 업무에 대한 기본적인 마인드 면에서 그에게는 인상적인 몇 가지 노하우가 있었다.

① 판매한 고객에게는 다시 팔아라. 일단 잡은 고객을 놓쳐서는 안 된다.

② 상대하기 버겁거나 싫은 고객일수록 소중하게 다룬다.

③ 선입관을 갖지 마라. 상대방이 거절하는 순간 영업은 시작된다.

④ 가정을 소중히 하는 것이 업무를 잘 하는 기본이다.

⑤ 업무는 스스로 찾아서 해야 한다.

위의 5가지 노하우 역시 별로 특별하지 않다. 그러나 그는 그것을 습관화해서 직접 행동으로 옮겼다. 그것이 보통 세일즈맨과 다른 큰 차이점이다.

최고가 되는 3가지 기본-업무술 ②

다음으로 그의 인간적인 능력을 살펴보면 이렇다.

솔직히 말해 그는 화술이 뛰어난 것도 아니었다. 오히려 말주변이 없다고 하는 편이 정직한 표현이다. 그러나 이야기를 나눌수록 그가 성실하고 신뢰감이 느껴지는 인물이라는 사실을 알 수 있었다. 특히 이따금씩 환하게 웃는 얼굴은 아무리 굳게 닫힌 상대의 마음도 녹일 정도로 매력적이다. 그에게는 '이 사람이라면 믿을 수 있다'라고 신뢰감을 주는 무언가가 몸에 배어 있다. 그러한 매력은 타고난 부분도 있겠지만, 거의 대부분은 후천적인 노력으로 얻어지는 것이다. 그는 경험을 통해 자신의 인간적 능력을 착실하게 연마한 것이 아닐까?

나는 그가 하루에 한 대씩 자동차를 팔 수 있었던 것은 다음과 같은 인간적 능력이 있었기 때문이라고 생각한다.

① 기본적인 기술을 충실히 실행하는 습관
② 확고한 세일즈 마인드
③ 상대가 신뢰할 수 있는 인간적 능력

이 3가지는 대부분의 성장하는 사람이 지닌 자질이다. 최고의 세일즈맨이 되는 조건은 일류 비즈니스맨이 되는 조건이기도 하다. 문제는 그것을 습관화하는 것이다.

프로 스포츠 선수를 성공 모델로 삼아라

비즈니스맨으로서 업무를 수행하려면 그에 따른 지식이나 기술을 습득해야 한다. 프로 비즈니스맨으로서 활약하기 위한 최소한의 조건이 바로 기술이다. 그래서 나이가 어릴수록 기술을 배워야 한다.

나는 젊은 사람들에게 기술을 습득할 때는 프로 스포츠 선수를 모델로 삼으라고 조언한다. 스포츠 분야의 프로 선수들은 다음과 같은 방법으로 능력을 갈고 닦는다.

① 끊임없이 훈련한다.

프로는 항상 기본 훈련을 게을리하지 않는다. 그것이 프로의 기본이다. 일본의 홈런왕 오 사다하루가 자루가 헤질 정도로 타격 연습을 했다는 일화는 유명하다. 또한 'ON(오 사다하루와 나가시마의 영문이니셜을 딴 것)타선'이라 불리며 명성을 떨친 나가시마 시게오도 남들 몰래 쉬지 않고 연습했다.

② 결과를 낸다.

아무리 인기가 있는 선수라도 좋은 결과를 내지 않으면 인기는 떨어지게 마련이다. 비즈니스 업계에서도 마찬가지다. 비즈니스맨과 샐러리맨의 차이에 대해 내가 내린 결론은 이렇다. 전자가 '회사에 결과를 내러 가는 사람'이라면 후자는 '회사에 일을 하러 가는 사람'이다. 회사에서 업무를 하는 것은 당연하다. 그러므로 '노력했다'는 것만으로는 진정한 의미에서 일을 했다고 할 수 없다. 비즈니스맨은 항상 일정한 성과를 올려야 한다.

③ 지속성을 유지한다.

이것은 '결과를 낸다' 와도 관련된 조건이다. 성공하는 비즈니스맨과 일반적인 비즈니스맨의 차이점은 결과를 '지속적으로' 낸다는 점이다. 비즈니스 업계는 마라톤과 같다. 한두 번 좋은 결과를 냈다고 해서 높은 평가를 받는 것이 아니다. 끊임없이 평균 수준 이상의 점수를 내야만 한다. 그러므로 자신의 능력을 항상 재점검해 일정 수준을 유지하기 위해 노력하라.

여기서 강조하고 싶은 것이 있다. 진정한 노력이란 '한다' 가 아니라 '계속해서 한다' 라는 점이다. 미묘한 차이겠지만 기본적으로 두 단어는 서로 다르다. '한다' 는 일과성이 강하지만, '계속해서 한다' 는 습관이다. 그러므로 계속해서 노력하는 것을 습관화하라. 그것이 성공의 기본이다.

8장

시간을 만들어내는 생활습관

시간의 중요성을 젊은 시절에는 별로 의식하지 못한다. 그러나 나이를 한두 살 먹으면서 인생이 한 번뿐이라는 사실은 어떤 일을 시작하는 데 큰 동기를 부여한다. 쓸 수 있는 시간은 제한되어 있으므로 그것을 관리하는 일은 매우 중요하다. 젊은 사람이라고 시간이 비켜 가지는 않는다. 그러므로 자신에게 얼마의 시간이 남았는지 계산해보라.

자신에게 남은 시간 = (평균 수명-현재 나이) X 365일 X 24시간

예를 들어 평균 수명이 74살이라고 했을 때 자신의 나이가 25살이라면 자신에게 남은 시간은 42만 9천240시간이 된다. 이 숫자만 놓고 보면 길게 느껴질지도 모른다. 그러나 수면시간인 12만 5천195시간(수면시간을 하루 7시간으로 가정)을 빼면 자신이 활동할 수 있는 시간은 30만 4천45시간에 불과하다. 이 시간을 모두 써버리면 우리는 무연(無緣)의 세계의 주인공이

된다.

이런 생각을 하면 지금 내가 무심코 써버리는 1분 혹은 1시간이 얼마나 소중한지 실감하게 된다. '시간은 금이다' 라는 말이 있다. 금은 쓰면 다시 벌면 되지만 한번 지나간 시간은 다시 되돌릴 수 없다. 자신이 가진 시간은 점점 줄어들 뿐이다. 이는 마치 수명을 깎아 먹는 것과 같기 때문에 나는 '시간은 생명이다' 라고 생각한다. 시간은 자신의 수명 중 일부다.

그렇다면 사적인 시간과 회사에서 보내는 공적인 시간을 균형적으로 사용하는 방법은 무엇일까?

나의 경우를 예로 들면 평균적으로 평일에는 통근시간을 포함해 아침 7시부터 밤 10시까지 회사에 매여 있다. 6시간은 수면을 취하므로 깨어 있는 시간은 18시간이다. 그중 83%인 15시간을 회사를 위해서 사용하는 셈이다. 나뿐만 아니라 대부분의 비즈니스맨들이 평균 통근시간인 3시간을 빼고 12~13시간을 회사에서 보낸다. 비율로 따지면 약 70%에 해당한다.

직장인 중에는 "회사에서는 단지 월급만큼만 일을 하면 그만이다"라고 공공연하게 떠벌리는 사람이 있다. 그러나 인생의 70% 이상을 보내는 장소에 단지 월급만을 바란다는 것은 너무 어리석지 않은가?

나는 직장에서 보내는 시간이 '회사를 이용해 자아를 실현하는 동시에 회사에도 이익을 주어야 한다' 고 생각한다. 회사에 종속되거나 조직과 대립하는 것이 아니라 회사와 자신의 공생관계를 구축해야 한다는 말이다.

회사에는 교육, 인맥, 기술과 같은 풍부한 인프라가 있다. 그것들을 유효하게 활용해 자신을 갈고 닦기 위해서라도 업무 시간을 효율적으로 사용하는 습관을 들여야 한다.

1년을 13개월로 사용하는 방법

우리는 한 번뿐인 인생의 대부분을 회사에서 보낸다. 인생을 소중하게 생각한다면 다른 누구를 위해서가 아니라 바로 자신을 위해서 시간을 잘 활용해야 한다.

시간은 되돌릴 수는 없지만 관리할 수는 있다. 그러므로 시간이라는 유한 자원을 효율적으로 활용하는 방안을 모색해야 한다.

세상에는 불공평한 일들이 너무나 많다. 그러나 하루가 24시간이라는 사실만은 모두에게 평등하다. 모두에게 평등하게 주어진 시간을 어떻게 사용하는지에 따라 성공과 실패가 나뉜다.

그렇다면 시간을 어떻게 관리해야 할까?

영국의 작가 어니스트 베닛(Emest Bennett)은 '하루는 트렁크와 같다. 사용 방법을 알고 있으면 그 안에 두 배의 물건을 담을 수 있다' 라고 말했다. 분명히 트렁크를 잘 정리하면 그냥 담는 것보다 두 배나 더 많은 물건을 넣을 수 있다. 큰 물건 사이에 작은 물건을 요령껏 끼워 넣는 것이다.

내가 시간을 만들어 내는 방법도 트렁크에 물건을 담는 것과 같다.

시간은 크게 2가지로 구분된다. 하나는 이미 스케줄이 정해진 시간으로, 그것은 대체로 업무와 관련되어 있으며 연월일 단위로 결정된다. 다른 말로 표현하자면 '예약이 끝난 시간(time booked)' 이다.

예약이 끝난 시간에는 우선 회사에서 근무하는 시간이 있다. 그러한 시간은 회의나 면담, 출장, 사무 등을 하는 데 소요되어 자기 마음대로 없앨 수 없다. 그리고 월례조회나 월 2회의 야간 학습회가 있다. 건강을 관리하기 위해 헬스장 등에서 운동을 하는 시간도 빼놓을 수 없다. 물론 수시로 새로운 스케줄이 발생하기도 한다. 이러한 일정은 다이어리에 이미 기입된 '예약이 끝난 시간' 들이다.

그리고 다른 시간이 있다. 그것은 아직까지 일정표에 기입되지 않은 '활용 가능한 시간(time available)' 이다. 중요한 것은 이 시간을 어떻게 사용하는지에 따라 자신이 실제로 가진 시간을 늘릴 수도 줄일 수도 있다는 사실이다.

하루에 적어도 8시간은 업무에, 7시간은 잠을 자는 데 보낸다. 그밖에 통근이나 식사, 목욕 등 생활에서 빼놓을 수 없는 행위에 시간을 소비하고 나면 계산상 자유시간은 극히 적다. 그러나 하루에 이루어지는 '활용 가능한 시간' 이나 '예약이 끝난 시간' 을 상세히 점검하면 5분 혹은 10분, 많을 때는 20분씩 자투리 시간이 존재하게 마련이다. 그것이 '시산의 구멍(holes in the day)' 이다. 이 구멍을 잘 사용하면 조각난 시간이기는 하지만 하루에 1시간이나 2시간을 덤으로 만들어낼 수 있다.

하루에 1시간이라도 한 달 동안 모으면 30시간이나 된다. 또한 그것을 1년 단위로 합치면 365시간이라는 귀중한 시간이 생긴다. 365시간을 날로 계산하면 15일이 된다. 이 중에서 수면 시간을 뺀 나머지 깨어 있는 시간만을 더하면 21일 분량이다. 거기에 주말까지 제외하면 한 달을 덤으로 얻을 수 있다. 하루에 발생하는 몇 분이라는 자투리 시간을 활용하는 것만으로 1년을 13개월로 늘리는 셈이다.

내가 존경하는 한 영국인은 '나는 바쁘다(I am busy)'라는 말을 결코 입 밖에 내지 않는다. 그 대신 '나는 뭔가를 하고 있다(I am occupied)'라고 말한다. 시간을 관리하는 사람은 늘 자신감에 차 있다. 그 사람에게서도 그러한 자신감이 넘쳐흘렀다. 그 말은 그의 풍모와 함께 지금도 나의 뇌리에 강하게 남아 있다.

반드시 하지 않아도 될 일을 가려내라

'일을 맡길 때는 바쁜 사람에게 부탁하라'는 말이 있다. 그것은 비즈니스뿐만 아니라 일상생활에서도 마찬가지다. 사람들은 시간을 잘 사용하는 사람과 그렇지 않은 사람은 종합적인 능력 면에서 차이가 난다는 사실을 경험으로 알고 있다.

졸린 눈으로 매사에 의욕이 없어 보이는 사람은 능력이 없는 사람일 확률이 높다. 상사나 동료 모두 그것을 알고 있기 때문에 그에게는 중요한 일을 맡기지 않는다. 반대로 능력이 뛰어난 사람은 여러 가지 일을 동시에 해서 바쁘지만 시간을 유효하게 활용하는 방법을 잘 알고 있기 때문에 결과적으로는 업무를 빠르고 정확하게 처리한다.

그렇다면 항상 "바쁘다 바빠"라고 입버릇처럼 말하는 사람은 어떤가?

이러한 유형의 사람은 대체로 일을 생산적으로 하지 못하는 경향이 강하다. 업무를 끌어안고 있을 뿐 그것을 효과적으로 배분하는 능력은 떨어진다. 또 이런 유형의 사람은 어떤 일이 중요하고 덜 중요한지 판단하지 못하므로 일의 우선순위를 매길 수 없다. 그래서 마음만 조급할 뿐 손은 따라주지 않는 상태로 제자리만 맴도는 것이다.

업무를 할 때는 시간이 제한되어 있다. 그러므로 '자신이 무엇을 해야 하는지'도 중요하지만, 그와 동시에 '자신이 무엇은 하지 않아도 되는지'도 알려고 노력해야 한다. 경중에 상관없이 모든 일을 완벽하게 해결하려고 하면 시간을 효율적으로 사용할 수 없다. 자신이 하지 않아도 될 일까지 굳이 손을 대서 아까운 시간을 낭비할 필요가 있겠는가?

비즈니스 현장에서는 '반드시 해야 할 일'을 정했으면 그 다음에는 '굳이 하지 않아도 될 일'을 가려내는 결단력을 발휘해야 한다.

그러므로 성공하려면 반드시 자신이 하지 않아도 될 일을 걸러내는 판단과 그것을 단행할 수 있는 용기를 습득하라.

집중력을 키워라–한 번에 한 가지의 법칙

대부분의 비즈니스맨들이 아침 일찍 업무를 보다가 언뜻 시계를 보니 시간이 조금밖에 지나지 않아 깜짝 놀란 경험이 있을 것이다. 그것은 업무에 집중하고 있었기 때문이다. 집중을 하면 같은 1시간을 가지고도 두세

배나 높은 효과를 볼 수 있다.

나는 업무에 집중하는 시간을 의도적으로 만들어내는 방법을 일컬어 '한 번에 한 가지의 법칙'이라 한다. 이 법칙을 토대로 큰 문제에 매달릴 때에는 일체의 다른 잡음은 제거하고 그 일에만 집중할 수 있다.

집중력에 관한 유명한 일화가 있다. 고대 그리스의 수학자 아르키메데스는 목욕탕의 물이 넘치는 것을 보고 부력을 발견했다. 그는 너무나 기쁜 나머지 발가벗은 채 "유레카!"라고 외치며 뛰쳐나왔다. 자신이 실오라기 하나 걸치지 않고 있다는 사실조차 의식하지 못한 채 말이다. 그것은 그가 오로지 한 가지만을 생각하고 있었기 때문이다.

아르키메데스의 일화처럼 한 가지 사건에만 집중을 하고 있으면 일상생활을 하다가도 불현듯 뭔가를 깨달아 그것이 큰 업적으로 이어질 수 있다.

어떤 작가는 재미있는 스토리를 꿈으로 꾸면 그것을 메모해 둔다고 한다. 그런데 아무리 생각해도 그날 꾼 꿈의 다음 스토리에 관해 좋은 아이디어가 떠오르지 않으면 다음 날 계속해서 잠을 청한다. 그러면 정말로 그 후속편을 꿈으로 다시 꾼다는 것이다. 그것은 잠재의식의 힘이다. 집중하면 잠재의식을 자신의 것으로 만들 수 있다. 잠재의식은 잠을 자고 있는 동안에도 새로운 발상을 할 수 있게 도와줄 정도로 시간을 활용하는 데 매우 유효하다.

내가 미국계 기업에서 일한 경험을 예로 들어보겠다. 나는 미국인 최고 경영자들과 함께 작업하면서 그들의 놀라운 집중력에 혀를 내두른 적이 한두 번이 아니다. 그들은 집중력이 뛰어날 뿐만 아니라 그것이 지속적으로 이어진다. 많은 일본의 비즈니스맨들이 아침에 출근을 해서 업무와 관련된 정보를 수집한다는 핑계로 신문이나 잡지를 뒤적거리다가 오후가 되면 차를 마시며 휴식을 취하면서 시간을 허비한다. 그러나 미국인 경영자들은 아침에 책상에 앉은 순간부터 밤늦게 회사를 나올 때까지 쓸데없는 일을 철저히 배제하고 업무에만 집중한다.

전체 사원 중 이처럼 우수한 3%의 인재가 미국 기업을 이끈다. 그것이 미국의 저력이다. 물론 3%를 제외한 나머지 97%의 사원들이 제대로 일을 하고 있다는 의미도 되지만 말이다.

힘은 집중해야 나온다. 집중해야 할 때는 밥 먹고 잠자는 것도 잊을 정도로 매진하라. 그것이 자신 안에 숨겨진 무한한 가능성인 잠재의식을 자극해 생각지도 못한 아이디어와 능력을 이끌어내는 방법이다.

나의 경우에는 1시간에 한 건을 해내기 위해 주변을 정리 정돈한 이후에는 최대한 집중해서 그 업무에 매달리는 습관이 있다. 어떤 작가는 자료를 산처럼 쌓아놓고 원고용지를 책상 위에 놓은 뒤 담배를 한 대 피우고 나서 글을 쓰기 시작한다고 한다. 그것도 집중을 하고자 자기암시를 거는 일종의 습관이다.

일반적으로 집중력을 키우려면 다음 3가지 습관을 들여야 한다.

① 선택한 업무에 대해 흥미나 관심을 고조시킨다.

② 선택한 업무의 의의나 중요성을 되새긴다.

③ 자신이 집중하기 쉬운 바이오리듬에 맞는 시간대에 일을 한다.

아침 1시간을 활용하는 방법-한 번에 여러 가지의 법칙

현대는 컴퓨터가 일상생활에까지 깊숙이 침투해 있다. 컴퓨터 덕분에 특별히 집중해서 해야 할 일이 아닌 경우에는 동시에 여러 가지 일을 처리할 수 있다. 나는 한꺼번에 여러 가지 일을 하는 행위를 '한 번에 여러 가지의 법칙'이라고 부른다.

나의 아침은 전형적인 '한 번에 여러 가지의 법칙'으로 시작된다.

욕실에서는 면도를 하면서 영어나 프랑스어 테이프를 듣고, 화장실에서는 볼일을 보면서 책을 읽는다. 식사를 할 때는 눈으로는 신문을 보고 귀로는 라디오의 어학 방송을 듣는다. 가끔은 아내의 이야기에 맞장구를 쳐주기도 한다. 출근하는 자동차나 전철 안에서는 비즈니스나 교양, 어학 관련 테이프를 듣거나 관련 서적을 읽는다. 피곤할 때는 클래식 음악을 들으면서 마음에 영양분을 공급해주기도 한다.

'한 번에 여러 가지의 법칙'은 통근이나 식사 등을 하는 시간에 다른 행동을 같이 하는 시간 활용법이다. 그렇게 하면 자투리 시간을 많이 만들어 낼 수 있다. '자투리 시간'과 '한 번에 여러 가지의 법칙'을 활용함으로써 시간을 매우 유효하게 쓸 수 있다.

업무를 할 때도 스스로 모든 일을 처리하는 것이 아니라 부하 직원이나 다른 부서에 업무를 맡기거나 아웃소싱을 활용한다. 이것은 '한 번에 여러 가지의 법칙'을 응용한 예다.

이 법칙을 실행하면 처음에는 다소 비굴한 느낌이 들 수도 있다. 그러나 그것이 습관화되면 아무렇지도 않다. 비굴한 생각이 드느냐 그렇지 않느냐는 목적의식의 강약과 습관화에 따라 좌우된다. '한 번에 여러 가지의 법칙'에 따라 실천해서 그것이 습관이 되면 자연스레 시간을 활용하는 방법을 습득할 수 있다. 가장 중요한 것은 우리에게는 시간이 정해져 있으며 그것을 얼마나 잘 활용하는지가 인생의 성패를 결정한다는 사실이다.

시간을 구분해서 활용하고자 이런저런 것을 시도하는 행위는 그것만으로도 상당히 즐겁다. 주위를 둘러보면 시간에게 농락을 당하는 '시간의 노예'나 스스로 시간을 만들어내지 못하는 '시간의 거지', 남의 시간을 너무나 태연스럽게 훔치는 '시간 도둑'이 많다.

여러분은 시간의 주인공으로서 당당히 그것을 활용하는 '시간 부자'가 되라.

충실한 인생이란 시간을 성실하게 쓴 삶을 말한다. 그러한 인생을 살려면 먼저 자신이 어떻게 시간을 보내는지 점검한 뒤 자투리 시간을 찾아내야 한다. 그러고 나서 '한 번에 한 가지의 법칙'으로 집중하고 '한 번에 여러 가지의 법칙'으로 여러 가지 일을 동시에 처리하는 습관을 들여 보면 어떠한가?

하루에 10가지 할 일을 메모하라

나는 아침마다 그날의 스케줄을 확인하는 것으로 하루를 시작한다. 그래서 우선순위가 높은 순으로 5~10개 항목을 종이에 적어서 와이셔츠 주머니에 넣고 출근한다. 그것은 업무 능률을 확실히 높여준다.

긴급도가 낮은 일에 대해 고민하지 않아도 되기 때문에 해야 할 일만을 명확하게 처리한다. 또한 '한 번에 한 건의 법칙'으로 업무를 순서대로 집중해서 처리한다. 목표를 달성할 때마다 아침에 기록해둔 메모를 사선으로 지워나감으로써 성취감도 느낀다.

물론 때로는 계획한 과제 중에서 두세 건이 남기도 한다. 그러나 남은 일들은 긴급도가 낮기 때문에 다음 날 해도 크게 문제가 되지 않는다. 가끔은 시간이 흘러 자동적으로 해결되는 경우도 있다.

다음 항목에서 설명할 '10-10법칙'을 병행해서 사용하면 중요도와 긴급도를 고려해 업무의 우선순위를 정함으로써 불필요한 업무에 신경 쓰지 않고 중요한 업무에 우선적으로 매달릴 수 있다. 그것이 시간이라는 유한 자원을 효율적으로 사용하는 비결이다. 시간이란 '존재하는 것'이 아니라 관리하고 '만들어내는 것'이다. 충실한 인생이란 그렇게 생성한 시간을 120% 유효하게 활용하는 것이다.

비즈니스 업계뿐만 아니라 인생에서도 승자가 되려면 예비로 확보하고 있는 시간이 많을수록 유리하다.

한편 자신에게 시간이 중요하다면 남들에게도 마찬가지다. 남들의 시간을 함부로 빼앗지 않는 것은 사회인으로서 당연히 지켜야 하는 예의다. '시간은 생명이다' 라는 사고방식으로 생각해보면, 타인의 시간을 빼앗는 것은 그 사람의 생명을 단축시키는 치명적인 범죄 행위다.

그렇다면 회사에서 흔히 볼 수 있는 전형적인 '시간 도둑' 은 어떤 사람들일까? 우선 떠오르는 것이 회의를 할 때마다 늦는 지각상습범들이다. 신기하게도 그런 상습범들이 해외로 출장을 떠날 때 비행기 시간에 늦었다는 이야기는 단 한 번도 들어본 적이 없을 정도로, 그들은 자신의 시간은 끔찍이도 소중하게 여기면서 남의 시간은 대수롭지 않게 빼앗는다.

만약에 자신이 회의에 15분 지각해 참가자 10명을 기다리게 했다고 하자. 이 경우 15분×10명을 하면 150분이나 된다. 즉 2시간 30분이라는 귀중한 시간을 다른 사람에게 낭비하게 한 셈이다. 이러한 사람이 시간 도둑이 아니고 무엇이겠는가?

내가 회의를 주재할 때에는 사람들이 전부 모이지 않아도 정시가 되면 정확하게 시작한다. 그것을 습관화하면 '정각에 가지 않으면 참가자들에게 눈치가 보인다' 라는 인식이 생겨 전원이 정해진 시각에 집합한다. 회의를 열 때는 시작과 종료 시간을 정해놓고 그 시간 내에 집중적으로 토의하도록 하면 시간을 밀도 있게 사용할 수 있다. 물론 이 경우도 지각이 습관화된 사람은 예외다.

자신은 얼마나 남의 시간을 빼앗고 있는가?

시간의 도둑은 스스로 그것을 자각하지 못하는 경향이 있다. 여러분도 자신이 얼마나 남의 시간을 빼앗는 '시간 도둑' 인지 그 정도를 확인해보라. 그것은 자신의 시간을 소중하게 다루는 데도 큰 도움이 된다.

■ 전화를 부적절하게 사용하고 있지 않은가?

긴 통화, 쓸데없이 장황한 접대용 멘트, 이야기해야 할 핵심이 정리되지 않거나 우선순위가 결여된 전화 응대 등을 말한다.

■ 업무를 혼자서 끌어안고 있지는 않은가?

하나에서 열까지 자신이 모든 업무를 움켜쥐고 그 결과 업무가 순탄하게 진행되지 않은 채 시간만 잡아먹는다면, 그것은 다른 사람에게도 폐를 끼치는 행위다.

■ 우선순위를 정해 업무를 처리하고 있는가?

시간 관리 시스템의 기본은 우선순위에 있다. 그것을 정해놓지 않으면 시간을 낭비할 확률이 높다.

■ 의사소통은 잘 이루어지고 있는가?

너무 지나치지도 덜하지도 않은 딱 적당한 수준의 대화를 하고 있느냐는 말이다. 지나치게 어려운 단어를 사용하거나 상대의 파장에 맞지 않는 표현, 그리고 적절하지 않은 타이밍에 상대에게 말을 건네지는 않는지 살펴보라.

■ 업무의 관리 능력은 충분한가?

목표에 시간을 정해두지 않았거나 과중한 업무에 시달리거나 우선순위를 매기는 방법이 잘못되어 있으면 업무를 수행하는 데 방해가 된다.

■ 과도하게 회의에 의존하고 있지는 않은가?

회의 시간에 항상 늦는 지각상습범이나 준비 부족인 상태에서 출석하는 사람이 혹시 자신이 아닌지 점검해보아야 한다. 또한 회의에 참석해서도 결론을 내지 못한다면 시간을 낭비할 뿐이다.

예컨대 '모여서 의논하지 않고, 의논해서 결정하지 않고, 결정해서 실행하지 않고, 실행해서 평가하지 않는' 회의가 실제로 수두룩하다. 회사 내에서 빈번하게 이루어지는 회의는 대표적인 시간 도둑인 셈이다.

결코 회의를 연다는 사실만으로 안심해서는 안 된다.

'회의의 생산성을 배가하는 방법'으로 다음과 같은 체크 리스트를 활용해보라. 회의 직후에 참가자 전원에게 다음 문항에 체크하도록 한 뒤 그 평균점을 산출함으로써 해당 회의의 중요성을 확인할 수 있다. 어쩌면 시간만 낭비하는 '시간 도둑'인 회의를 하고 있는 것일지도 모르므로 필히 실시해보라.

① 이 회의가 업무에 정말로 필요하다고 생각하는가?

② 회의 목적을 알고 있나? 알고 있다면 회의 준비를 하고 왔는가?

③ 회의 시작 시간에 전원이 출석했는가?

④ 회의는 정해진 시간에 시작했나?

⑤ 의제는 모두 소화했나?

⑥ 다음 행동 계획(무엇을, 언제까지) 또는 그 담당자는 정했는가?

⑦ 회의는 정해진 시간에 끝났는가?

⑧ 회의의 목적은 달성되었나?

⑨ 전원이 적극적으로 토의에 참가했나?

⑩ 참가자는 그 수치나 자격 면에서 회의 목적에 부합되었는가?

업무의 질과 시간의 균형-'10-10법칙①'

나는 젊은 시절부터 업무의 질과 시간의 싸움에서 승리할 수 있는 방법을 끊임없이 연구해왔다. 그 결과 '10-10법칙'을 개발했는데, 그것은 계속해서 일정한 수준의 업무 결과를 내는 사고방식과 태도를 말한다.

이제 상사가 7명(임의로 A부터 F라고 하겠다)의 사원에게 10가지 업무를 10일 내에 보고하라고 지시했다고 하자. 7명의 사원들은 업무의 질과 시간의 관계에서 다음과 같은 결과를 제출했다.

A는 지정된 기일 안에 요구받은 수준의 업무를 달성했다(내용-기일 =10-10)

B는 기일은 지켰지만 내용이 요구한 수준에 미치지 못했다 (9-10)

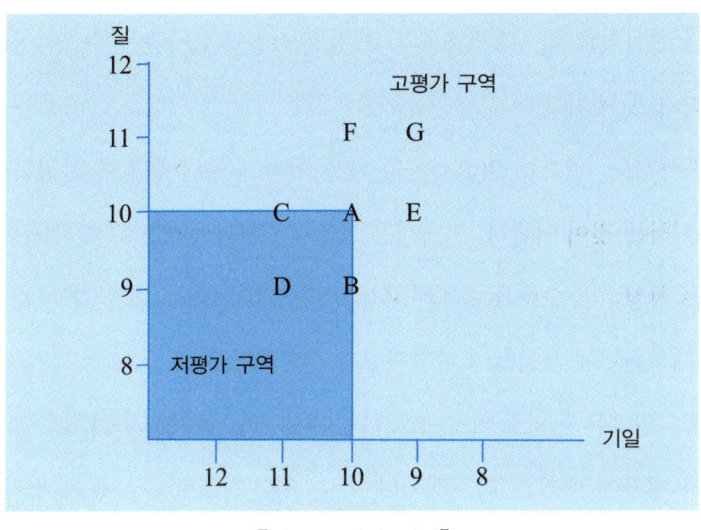

【업무의 질과 시간】

C는 질은 요구한 수준대로였지만 기일을 어겼다 (10-11)

D는 내용도 수준 이하일 뿐만 아니라 기일도 어겼다 (9-11)

E는 요구받은 수준 이상의 내용을 지정한 기일 안에 끝마쳤다 (11-10)

F는 요구받은 수준의 내용을 기일보다 빨리 끝마쳤다 (10-9)

G는 요구받은 수준 이상의 내용을 기일보다 빨리 끝마쳤다(11-9)

그렇다면 이중에서 비즈니스맨으로서 우수한 사람은 누구일까?

가장 능력이 뛰어난 사람은 분명히 G다. 또한 E와 F도 '매우 잘 했다'고

할 수 있다. 항상 E, F, G와 같이 업무를 마칠 수만 있다면 더는 바랄 나위

가 없다. 분명히 그것은 동료들에게 시기를 받을 정도로 뛰어난 능력이다.

그러나 현실적으로는 대체로 A의 '지정된 기일에 요구받은 수준의 업무를 달성하기'도 벅차다.

골프에서도 '골프는 파(Par)와의 싸움'이라고 불릴 정도로 일정한 수준을 유지하는 것이 어렵다. 지속성은 비즈니스맨의 성공 비결이기도 하다.

나는 항상 A의 수준을 유지하고자 노력했다. 그리고 내가 잘 하는 분야에 관해서는 G에 끊임없이 다가가고자 분발했다.

그렇다면 D는 논외로 하고, B와 C 중에서 어느 쪽이 나을까?

물론 경우에 따라서 다르겠지만, 나는 원칙적으로 C는 높게 평가하지 않는다. 속도로 승부하는 비즈니스 업계에서는 타이밍을 놓치면 아무리 훌륭하게 일을 처리했다고 하더라도 결과적으로는 아무런 의미가 없다. B와 같이 다소 질은 떨어져도 기일까지 마무리하는 것이 낫다. 업무의 질에 문제가 있을 때는 상사가 보고를 받고 나서 다소 부족한 부분을 보충해줄 수도 있고 시간적으로 여유가 있다면 정정하도록 지시를 내릴 수도 있다. 업무를 수행할 때는 필히 기일을 엄수하자.

기일을 어길 경우의 대처법- '10-10법칙②'

A에 만족할 것인지 G에 도전하는지는 개개인의 사고방식 문제다. 그러나 자신이 업무를 처리하는 자세가 결국에는 습관으로 이어진다. 그 차이는 업무 성과 면에서 큰 차이를 나타낸다.

그렇다면 여러분은 A, B, E, F, G 중에서 어떤 유형을 습관화하고 싶은가?

　업무를 하다보면 아무리 애를 써도 D의 유형에 빠지게 되는 경우가 발생한다. 업무의 질과 기한 모두 어길 것으로 예상된다면 그 순간 바로 상사에게 보고하는 버릇을 들이는 것이 중요하다.

　상사는 성과를 올리지 못한 보고나 상담을 해오는 부하 직원을 결코 부족하다고 평가하지 않는다. 오히려 부하 직원의 업무에 대한 강한 책임감을 높이 평가한다. 조금이라도 더 빨리 보고해 상담함으로써 D의 경우에 빠질 업무를 상사의 협력을 얻어 G의 수준으로 끌어올리는 예도 비일비재하다.

　10가지 업무를 10일 내에 확실히 끝마친다. 나는 업무에 매달릴 때는 그것을 재인식하기 위해 습관적으로 '좋았어. 10-10으로 가자!' 라고 마음속으로 되새긴 후에 시작한다.

　그렇게 자신에게 확인시켜두면 자연스레 그에 맞는 계획을 세우므로 설사 맡은 업무가 자신이 잘 하는 분야가 아니더라도 실제로 해 보면 한결 여유가 생긴다. 그렇게 하면 때로 자신이 달성한 업무의 질이 높아지거나 기한보다 빨리 끝내기도 한다.

　상사가 요구한 수준과 기한에 맞게 업무를 마무리한다. 그것은 업무의 수준과 시간의 경쟁에서 항상 승리할 수 있는 방법이다.

9장

─ 자신을 강하게 만드는 태도 ─

「변명만을 늘어놓으면서 어느새 세월은 흘러간다.」

일본의 서예가이자 시인인 아이다 미쓰오는 그의 작품인 『지금 여기』에서 변명을 일삼는 삶이 얼마나 허망한지를 노래했다. 변명하는 태도는 비즈니스 업계에서도 흔히 볼 수 있는 광경이다.

변명에 관한 미국식 진지한 농담이 있다. 그것은 '4명의 이야기 (Everybody, Somebody, Anybody and Nobody)' 라는 짧은 스토리다. 전말은 이렇다.

「먼 옛날 4명의 사람이 살고 있었다. 그들의 이름은 '모든 이', '누군가', '누구든' 그리고 '아무도' 였다. 해야 할 중요한 일이 있을 때마다 '모든 이' 는 '누군가' 가 그 일을 해야 한다고 생각했다. '누군가' 는 그 일을 할 수 있었다.

하지만 '아무도' 그 일을 하지 않았다. '아무도'가 그 일을 하지 않자 '모든 이'는 화가 났다. 그것은 '모든 이'의 일이었기 때문이다. '모든 이'는 생각했다. '누군가'가 그걸 해야 한다고 말이다. 하지만 '아무도' 인식하지 못했다. '아무도' 그 일을 하지 않을 것이라고 말이다. 그래서 결과적으로 '누구나'가 처음에 할 수 있었던 일을 '아무도' 하지 않았을 때, '모든 이'가 '누군가'를 비난했다.」

이처럼 사람은 애석하게도 무의식중에 다른 사람에게 책임을 돌리는 경향이 있다.

내가 지난 30여 년 간 비즈니스 업계에 몸담으면서 깨달은 것이 한 가지 있다. 다른 사람에게 비판이나 비난의 화살을 보내기 전에 스스로 맡은 바 임무를 충실히 수행했는지를 먼저 반성해야 한다는 사실이다. 그렇게 해야 스스로 스트레스를 받지 않을 수 있다.

업무가 생각대로 진행되지 않거나 이런 저런 문제가 생기거나 심지어 우체통이 빨간 것까지 사실은 모두 자기 탓이다. 그렇다면 과연 어느 정도까지를 자신의 책임으로 돌려야 하는가? 그것은 자신의 운이나 기량과도 연관이 있겠지만 우선은 모든 일을 '자신의 문제'로 돌리는 습관을 들이면 매사에 당당할 수 있다.

자신에게 책임을 돌려라

특히 비즈니스 업계에서는 문제 발생시 자신에게 책임을 전가하라.

물론 모든 문제가 100% 자신의 책임일 리는 없지만 그렇다고 해서 100% 다른 사람의 책임인 것도 아니다. 그 업무에 관련된 자신도 어느 정도는 책임을 져야 할 의무가 있다. 그래서 모든 일을 자신의 문제라고 생각하고서 대처하는 편이 한결 정확하게 해결방안을 모색할 수 있다.

사람은 약한 존재이기 때문에 문제가 생기면 먼저 남에게 책임을 전가하려고 한다. 그러나 비즈니스 업계에서 성공하려면 불평불만을 늘어놓기 전에 실행을 해야 한다. 상대의 실수를 들추어내거나 세세한 논리로 논파하거나 해봤자 아무 것도 해결되지 않는다.

대부분의 성공한 사람들은 상대의 문제를 오히려 자신의 것으로서 받아들여 그 해결 방안을 찾는다.

미국의 트루먼 대통령은 "모든 책임은 자신에게서 시작되어 자신으로 끝난다"고 말했다. "과연 대통령답군"이라고 말하고 싶을 정도로 시원시원한 태도다. 앞에서도 말했듯이 내가 좋아하는 문구인 '문제는 나의 것(I own the problem)' 과 '내 인생은 나의 것(I own my own life)' 과도 일맥상통하는 인생관이다.

여기서 잠깐 모 미국 회사의 이야기를 들어보자. 그 회사는 업무 개혁을 단행하기 위해 현장 작업자들에게 불만 사항을 물었다고 한다. 그러자 온갖 잡다한 종류의 요청 내용이 올라왔다. 그것들을 모두 리스트로 작성해서 철저하게 문제점을 들추어낸 결과, 본사에서 해결해야 하는 문제는 전체 문제의 약 20%에 불과했다. 나머지 80%는 현장에서 나름대로 처리해야할 문제였던 것이다.

이처럼 대부분의 사람들은 자신이 직접 노력하거나 창의적으로 고안해야 할 문제는 제쳐두고 다른 사람이 먼저 뭔가를 해주기를 바란다.

자신에게는 상대보다 3배나 큰 책임이 있다

사실은 나도 존슨 앤 존슨에 사장으로 있었을 때 설문조사를 실시한 적이 있다. 사내 영업사원들에게 영업부진의 원인을 적어내게 했다. 앞에서 예로 든 미국의 회사와 마찬가지로 정말 각양각색의 의견이 나왔다. 그런데 '광고 전단지가 부족하다, 가격 체계가 잡혀있지 않다, 상품의 영향력이 약하다, 사무원이 부족하다, 접대비가 너무 적다, 에이전트가 이익률을 문제 삼는다' 등으로 전부 다른 사람에게 책임을 돌리는 의견뿐이었다.

나는 현 상태로는 회사가 성장하지 못할 것이라는 위기감을 느꼈다. 그래서 대대적으로 '무슨 일이든 먼저 자신에게 책임을 전가하자' 라는 캠페인을 벌였다. 그러면서 사원들에게 수시로 "그러한 사고방식이 바로 디인에게 책임을 돌리는 것이 아니냐?", "문제가 발생하면 먼저 자신의 책임이라고 생각하는 것이 어떠냐?"라고 주입시켰다.

얼마 지나지 않아 변화가 나타나기 시작했다. 문제가 발생하자 담당부장이 빙긋 웃으면서 "사장님, 모두 제 책임입니다"라고 말하는 것이 아닌가? 그러한 풍토가 사내 전체로 퍼지면서 업무 실적도 대폭 향상되었다.

남의 책임을 지적할 때는 자신의 손을 잘 살펴보라. 상대에게 향한 손가락은 단 1개지만, 구부러진 나머지 손가락 3개는 자신을 향하고 있다. 그리고 나머지 1개의 엄지손가락은 하늘을 가리킨다. 다시 말해 자신에게는 상대방보다 3배나 많은 책임이 있다는 말이다.

문제가 발생했을 때 무심코 "내 책임이 아니에요"라고 말하고 싶어지면 가만히 자신의 손을 보라. 그 손이 자신에게 책임을 돌리는 습관의 중요성을 여실히 보여줄 것이다.

성공한 사람은 자신이 말한 것은 반드시 실행한다

실행할 마음이 없으면서 '한다'고 말하는 것은 거짓말이다. 그러나 실행할 마음이 있는 일을 '한다'고 하는 것은 확약(commitment)이다. 그것은 스스로 하겠다는 강한 의지의 표현이다. 마땅히 해야 할 일을 주위 사람들에게 공개함으로써 자신을 발전적인 방향으로 유도한다.

가까운 예로 많은 사람이 "담배를 끊겠다"고 공언한다. 그래서 그가 담배에 손을 대면 주위 사람들이 "뭐야? 당신 지금 금연하는 중 아니었어?"라고 주의를 준다. 공공연하게 확약함으로써 주위 사람들이 자신의 의지를 흔들리지 않게 보강해주는 것이다.

비즈니스 업계에서의 확약은 당연히 업무와 관련된 약속을 의미한다. 예컨대 영업 사원이 "매상 목표를 전기 대비 15% 올리겠습니다"라고 발표하거나, 연구원이 "이번 분기 중으로 신제품의 시제품을 완성하겠어!"라고 공언하는 등으로 말이다.

확약을 할 때는 현실적으로 확정되지 않은 부분이 많기 때문에 사실상 단행하기가 쉽지 않다. 그러나 다소 실천하기 어려운 일이라도 "이것만은 반드시 해내겠어!"라고 공언하면 정말로 자신도 미처 깨닫지 못한 괴력이 발생하는 경우가 허다하다. 자신이 공언한 이상, 그것을 지키기 위해서라도 하루하루 열심히 실천하고자 노력하기 때문이다.

그런데 비즈니스 업계에서는 목표가 희망적이어서 노력하면 이루어질 정도로 호락호락한 일은 찾아보기 힘들다. 목표를 이루겠다고 확약하려면 주도면밀한 준비와 용기가 필요하다. 그래서 확약을 하면 자신을 끊임없이 진취적인 쪽으로 끌어올리게 된다.

사람을 평가하는 기준은 무수히 많다. 나는 그 중에서도 특히 "그가 확약할 수 있는 사람인가? 아닌가?"로 평가한다.

비즈니스 업계에서는 변명이나 구구절절한 설명, 장황하게 자기를 정당화하려는 궤변 등이 횡행한다. 그래서 "달성하겠습니다"라고 확약하는 한마디가 상당히 시원스럽게 들린다. 확약하는 습관은 특히 비즈니스맨에게 요구되는 자질이다.

문제를 관리하는 3가지 원칙과 방법

'계산된 위험'이라는 말이 있다.

그것은 신제품을 도입하거나 신규 사업에 착수하는 등으로 뭔가 새로운 일을 감행하는 모험을 말한다. 자신에게 업무가 주어지면 우선 회사 안팎의 자료나 정보를 수집하고, 그것을 분석해 '가능성을 검토'한 후 완성된 프로그램의 타당성을 판단해, 결단하고 단행한다. 업무는 그러한 일련의 과정으로 이루어진다.

그러나 아무리 면밀한 과정을 거쳐 결단한 계획이라도 일의 시발점이 되는 정보나 데이터가 100% 완벽하지 않기 때문에 처리하는 과정에서 문제가 발생하게 마련이다. 그러므로 결단을 하려면 언제 발생할지 모르는 각종 실패에 대해 위험을 무릅써야 한다. '잘못하면 실패할 수도 있다'는 위험을 '계산된 위험'이라고 한다. 확약도 계산된 위험을 전제로 실행하는 것이다.

일을 하다보면 순탄하게 진행되지 않는 경우가 무수히 많다. 그래서 문제가 발생하면 자신이 어떤 식으로 그것을 받아들이고 대처할지에 대한 사고방식이 중요해진다.

그렇다면 문제를 관리하는 사고방식과 노하우를 알아보자.

우선 문제를 어떻게 받아들일 것인가?

① 문제가 발생하는 것은 당연하다.

당연한 문제가 이따금씩 발생하는 것뿐이라고 가볍게 치부하고 철저히 대책을 강구하라. 그 대안을 통해 당초 구상한 목표 이상의 성과를 거두는 경우도 종종 볼 수 있다. 회사에 건전한 적자라는 것이 존재하듯이 '건강한 문제'는 어느 정도 있어야 한다.

② 긍정적인 자세로 문제를 파악한다.

문제를 기회로 받아들여라. 문제를 어떻게 다루는지에 따라 문제에 접근하는 자세와 결과는 크게 달라진다.

③ 문제에 초점을 맞춘다.

사람은 다른 사람에게 책임을 돌리는 경향이 있다. 그러나 같은 문제가 다시 발생하지 않도록 하려면 타인에게 책임을 추궁하는 것은 잠시 미루어두고 '사건'에 초점을 맞출 필요가 있다. 일의 구조나 시스템, 수행 방법 등에 문제가 있었던 것은 아닌지 신중하게 검토해야 한다.

다음으로 문제에 대응하는 노하우를 알아보자.

① 문제를 구체적으로 구분한다.

구체적으로는 그 문제가 자신이 감당할 수 있는 일인지 아닌지부터 판단한다. 자신이 해결할 수 있는 일과 그렇지 않은 일을 구분함으로써 그에 대한 대책이 완전히 바뀌기 때문이다.

② 수치로 파악할 수 있게 조치를 강구한다.

문제에서 '애초 기대했던 결과와의 상이점'을 찾아내어 그것을 수치로 확인한다. 정확하게 수치로 계산함으로써 문제점을 좀더 선명하게 나타낼 수 있다.

③ '다장근'으로 대처한다.

다면적, 장기적, 근본적으로 문제를 생각하라. 문제를 다면적으로 처리할 수 있는 사람은 성숙하다.

앞에서도 서술한 제너럴 일렉트릭 사의 잭 웰치 회장은 "우수한 회사란 장단기 계획을 균형적으로 세운 기업이다"라고 지적했다. 그는 43살이라는 젊은 나이에 회장이 되었다. 기업에서 장기 계획과 단기 계획의 균형을 맞추는 일이 중요하듯이 문제에 대처할 때도 장기적 시점과 단기적 시점에서 균형적으로 바라볼 필요가 있다.

문제를 근본적으로 해결하려면 그것의 원점이 무엇인지를 알아야 한다. 크고 작은 주위 사정에 휩쓸려 자칫 문제의 본질과 동떨어진 이론을 펼칠 위험성이 있으므로 이 부분에 특히 주의하라.

멀티 비즈니스맨이 되고 싶은가? 그렇다면 항상 '자신이 말한 것은 반드시 실행한다'는 이념을 바탕으로 책임 의식을 가지고 업무에 임하라. 또한 문제가 발생해도 그것으로부터 도망치는 것이 아니라 적극적인 자세로 대처하라. 그렇게 하면 골치 아픈 문제가 오히려 성공의 기회로 작용해 더 좋은 성과를 거둘 수 있다. 작은 습관 하나하나가 모여 결국 종합적인 능력이 된다.

하기 싫은 업무일수록 한 번에 완벽하게 처리하라

무슨 일을 하든 그것을 긍정적으로 받아들이는 습관을 가져라. 그러나 사람인 이상 때로는 '이 일만은 정말 하기 싫어'라고 느끼는 경우도 발생한다. 그럴 때 싫다는 생각만 하고 있으면 아깝게 시간만 보낼 뿐 아무런 성과도 얻지 못한다.

그렇다면 기분을 바꿔 진취적인 자세로 일하려면 어떤 사고방식을 가져야 할까? 하기 싫은 업무도 즐겁게 할 수 있는 나만의 노하우 3가지를 가르쳐주겠다.

첫째, 업무 자체에 의미를 부여하라.

예를 들어 '이 업무는 다음 단계로 넘어가기 위한 과정이라는 점에서 의미가 있어'와 같은 중요성을 발견하거나 '이 업무를 처리하면 다음 번에는 보람 있는 일을 맡을 수 있을 거야'라고 자기 나름대로 동기를 부여하거나 '어차피 해야 할 일이라면 오늘 중으로 끝내야지'라고 결단하는 등의 방법 말이다.

둘째, 업무를 처리한 후에 자신에게 상을 주어라.

다시 말해 '이 단계까지 올라가면 동료들과 함께 한 잔 하러 가야지'라거나 '6시까지 끝내면 여자친구와 데이트를 해야지' 등으로 자신에게 보너스를 주는 것이다. 자신을 어떤 미끼로 유인할지는 본인이 더 잘 알고 있을 것이다.

하기 싫은 업무는 그것을 착수하는 데 훨씬 많은 기력이 소모된다. 그래서 상을 주는 방법은 '좋았어! 일단 시작해 보는 거야!' 라고 결심하는 데 동기를 부여할 수 있다.

셋째, NPS(New Production System)를 활용하라.

분업은 처음부터 많은 물건을 많이 만들어내지 않는 것을 기본으로 하기 때문에 업계에서 크게 번성했다. 예를 들어 대부분의 회사가 자사의 안내 가탈로그 등을 제작하는 경우에 1년 분량을 한꺼번에 인쇄한다. 그러나 NPS를 채택하고 있는 인쇄회사에서는 적은 분량에도 대응할 수 있어 고객이 필요로 하는 부수만큼을 인쇄한다. 또한 카탈로그가 완성된 이후 데이터에 수정해야 할 일이 생기면 손쉽게 할 수 있어 고객에게 호평을 받았다.

다시 말해 하기 싫은 업무일수록 다시 하지 않아도 되도록 한 번에 완벽하게 처리할 수 있는 행동 계획을 짜야 한다. 하기 싫은 일을 억지로 하면 잘못된 부분을 못 보고 넘기거나 해서 작은 실수가 빈발하기 쉽다.

그래서 예정된 시간 내에 일을 마무리 짓지 못하고 질질 끄는 경우가 허다하다. 그러므로 하기 싫은 일일수록 다시 하지 않겠다는 각오로 철저하게 처리해야 한다.

위의 3가지 방법을 동원해 다소 심할 정도로 자신을 업무에 몰두시켜라. 그렇게 하면 서투르고 하기 싫었던 일도 의외로 순탄하게 진행되어 빨리 끝마칠 수 있다.

또한 혼자서 처리하지 않고 그룹으로 하는 업무에서는 적어도 스스로 책임을 지는 습관을 들여라. '저 사람이 하겠지'라고 막연하게 생각하다가 결국 아무도 처리하지 않아 일을 망치는 경우가 많기 때문이다.

덧붙여 설명하면 아무리 '하기 싫은 일'이라도 문제가 발생하면 그 자리에서 처리하는 것을 철칙으로 삼아라. 과실이나 문제는 바로 처리하면 더는 커지지 않고 손쉽게 해결할 수 있다. 그러나 사소한 문제도 오래 끌면 어느 샌가 심각한 사태로까지 확대된다. 평소 부하 직원이 실수를 해도 너그럽게 용서해주는 상사라도 문제를 처리하지 않고 방치해두는 사람에게는 엄격하기 마련이다.

그러므로 하기 싫고 서투른 일일수록 신속하게 처리하는 습관을 길러라.

나를 재기시킨 상사의 말 한 마디

체력에는 늘 자신이 있던 나는 입사 이후로 줄곧 결근 한 번 하지 않았다. 그렇게 건강하던 내가 회사를 빠지는 결정적인 사건이 생겼다. 그것은 대학을 졸업하고 회사에 입사한 지 7년째 되던 해의 일이었다.

그 당시 나는 일하는 것이 너무나 즐거워 늘 콧노래를 부를 정도로 열정에 차 있었다. 입사 동기 중에 최고의 자리에 있다는 자신감과 자부심도 한몫 거들었다. 당연히 나는 상사가 나를 대단히 신뢰하고 있다고 굳게 믿고 있었다. 그런데 모 프로젝트가 발족되면서 나의 승승가도에 제동이 걸렸다.

회사 벽보에 붙은 프로젝트 명단에 내 이름이 없었던 것이다. 그 프로젝트에는 당연히 내가 투입될 것이라고 모두 생각하고 있던 터였다. 그것도 내가 있어야 할 그 명단에 버젓이 2년이나 늦게 들어온 후배가 자리를 차지하고 있는 것이 아닌가?

그는 확실히 후배치고는 능력이 뛰어났다. 그러나 영업력이나 기획력, 마케팅 능력 등에서 볼 때 나와는 상대가 안 되었다. 나는 상사가 왜 그와 같은 조치를 취했는지 이해할 수 없었다. 너무나 화가 나서 그날 진탕 홧술을 들이켰다.

전날의 숙취도 있고 해서 다음 날 아침 도저히 회사에 나갈 마음이 생기지 않았다. 그날 밤 상사는 몸소 우리 집을 방문했다.

문병을 온 상사는 병세를 간단하게 물은 뒤 이렇게 말했다. "어제 자네에게 할 말이 있었는데, 글쎄 내가 깜빡 했지 뭔가"라고 예의 그 프로젝트 내용을 설명하기 시작했다. 그 프로젝트는 회사가 추진하고 있는 사업에서 철퇴하기 위한 포석이라고 한다. 그래서 업무를 공격적으로 처리하는 나와는 맞지 않는다고 판단해 나를 배려해 프로젝트에서 제외시킨 것이다.

그는 이어 "프로젝트 멤버를 공지한 명단을 보고 나에게 필시 화가 났을 텐데 그것을 용케도 밖으로 드러내지 않더군. 정말 대단해. 모쪼록 하루 빨리 나아서 건강한 모습으로 돌아오게나"라고 친근하게 말해주었다.

나는 부끄러움에 얼굴이 화끈거렸다. 일어나서 자초지종을 설명하려고 하자, 상사는 "이런, 일어나지 말게. 열 때문에 얼굴까지 빨개져있지 않은가"라고 말하고는 서둘러서 돌아갔다.

나는 그 사건을 겪으면서 표면상 드러난 일만으로 문제를 판단하는 것이 얼마나 위험한지 다시 한 번 깨달았다. 입사 동기 가운데 선두주자로서 프로젝트에서 제외된 사실은 큰 충격이었다. 게다가 내가 있어야 할 자리를 후배가 대신하고 있었으니 그 충격은 이루 말할 수 없이 컸다. 그러나 그 배후에는 상사의 깊은 배려심이 있었던 것이다.

그 일은 순풍에 돛을 단 듯 순조롭게만 진행되던 나의 경력에 처음으로 맛본 '쓰지만 좋은 약'이 되었다.

역풍도 자신에게 부는 바람이다

프로젝트 제명 사건 이후 나는 보기 좋게 두 번이나 강등을 당하는 참패를 겪었다.

우선 처음에는 본사 과장의 자리에서 지점 과장으로 인사 발령이 났다. 다음에는 본사 부장에서 영업소 차장으로 떨어졌다. 젊은이 특유의 솔직한 직언을 해서 상사와의 관계가 악화되었다는 것이 이유였다.

두 번째 발령은 너무나 충격적이어서 한동안 잠을 이루지 못할 정도였다. 그러던 어느 날 나는 에도 말 막부시대의 정치가로서 이름을 날린 가쓰 가이슈가 쓴 『히카와 세이와(氷川淸話)』라는 작품을 접하게 되었다. 이

책에는 다음과 같은 구절이 등장한다.

「직위란 올라가기도 하고 또 떨어지기도 한다. 지위가 높으면 언젠가는 떨어지고, 반대로 낮으면 다시 올라가는 일이 생긴다. 그러한 상승과 하강도 길어봤자 10년이다. 그러니 직위가 떨어졌다고 해서 낙담하지 마라. 그 자리에서 잠자코 기다리고 있으면 얼마 안 있어 다시 올라갈 테니까.」

나의 마음을 어둡게 하던 먹구름이 일순간 사라지는 듯했다.

비즈니스 업계에서는 직위가 올라가는 승진이 일반적이다. 따라서 비즈니스맨은 늘 상승하는 사고방식을 갖게 마련이다. 그러나 때로는 자신의 지위가 떨어지기도 한다는 사실을 염두에 두어야 한다.

승진만을 생각한 사람일수록 지위가 떨어졌을 때의 충격은 더 크다. 그렇다면 자신에게 그러한 역경이나 불운이 닥쳤을 때 어떻게 대처해야 할까? '다장근'으로 생각하면 '역풍'도 자신을 움직이게 하는 바람이 된다. 역사를 돌아보아도 영웅은 모진 역경을 이겨내고 자신과의 싸움에서 승리했다.

나는 『히카와 세이와』를 읽은 후 자신을 객관적으로 바라볼 수 있게 되었다. 마치 골퍼가 리커버리 샷(Recovery shot, 낭떠러지 밑이나 급경사면 등에 떨어진 볼을 정상적인 위치로 되돌리는 것)을 치겠다는 용기가 용솟음치듯이 말이다. '세상에는 분별없는 사람도 많지만 개중에는 인재를 알아보는 사람도 있다.' 그렇게 생각하자 자신의 불운도 불행하게 느껴지지만은 않았다. 나는 마음을 비우고 업무에 매진했다. 그 결과 8개월 후 원래 나의 자리였던 본사 부장보다 더 높은 위치에 오를 수 있었다.

가장 불행한 사람은 일이 순조롭게만 진행되어 실패를 모르는 사람이다. 역경이 닥쳐왔다고 해서 낙담하지 마라. 대신 그 역경을 어떻게 이겨낼지에 대한 해답을 가쓰 가이슈의 말에서 찾아보면 어떻겠는가?

리커버리 샷으로 승부하라

명 외교관이라 칭송받는 히로타 고키는 "풍차는 바람이 불 때까지 낮잠을 잔다"라는 말을 남겼다. 그는 외교관으로서 엘리트 코스만을 밟으며 출세를 거듭했다.

그러던 어느 날 출세의 메인 코스에서 벗어나 네덜란드 공사로 부임하라는 임명장을 받았다. 이처럼 자신에게 역경이 닥쳐왔을 때 어떻게 대처해야 할까?

첫째는 자신이 처한 환경을 변화시키고, 둘째는 아예 그 환경에서 나오며, 셋째는 스스로 좋은 쪽으로 마음을 바꾸는 등의 3가지 방법이 있다. 자신이 처한 환경을 바꾸는 방법은 사실상 어렵다. 그렇다고 해서 그 환경에서 도망치는 것은 비겁하다. 가장 바람직한 방법은 스스로 마음을 바꾸는 것이다. 그것이 가장 간단하면서도 비굴하지 않다.

러시아의 대문호 도스토예프스키도 "좋다고 너무 기뻐할 필요도, 나쁘다고 너무 비관할 필요도 없다"고 말했다. 역경이 닥쳐왔다고 해서 낙담

할 것이 아니라 그것을 통해 인생을 배울 수 있는 기회라고 생각하라. 단지 자신의 능력을 향상시키기 위해 앞으로 나아가면 그만이다.

회사에서 지위가 떨어졌다면 책임이 가벼워진 만큼 시간적으로 여유가 생긴다. 그 시간을 자신을 재충전하는 데 사용해보면 어떨까?

불운은 앞으로만 내달리던 자신을 되돌아보고 갈고 닦을 수 있는 좋은 기회다. 인생은 길다. 그러므로 눈앞의 일에만 너무 얽매이지 마라. 시련은 시간이 흐르면 자연스레 지나간다.

힘을 축적할수록 리커버리 샷도 커진다. 나무는 혹한의 겨울을 거쳐야 단단해진다. 사람도 그와 마찬가지로 역경을 통해 더욱 성장할 수 있다. 이렇게 생각하면 심적으로 조금은 여유가 생기지 않겠는가? 역경에 굴복할 것이 아니라 그것을 오히려 자기편으로 만들어보라.

일본 전력 산업의 대부 마쓰나가 야스자에몽은 일류 기업인이 되려면 "식은 밥을 먹으며 가난한 세월을 보내고, 감옥살이를 하고, 큰 병으로 고통 받은 경험을 해야 한다"고 했다. 물론 이 3가지 경험을 굳이 일부러 찾아서 할 필요는 없다. 겪지 않고 지나쳤다면 그것으로 충분하다. 다만 그가 말하고자 한 것은 보통 사람은 그러한 경험을 변명 삼아 쉽게 포기하지만, 성공한 사람은 '어떠한 어려움이 닥쳐와도 절대 포기하지 않는다'라는 생각을 갖는다는 사실이다.

사람은 대체로 일이 순조롭게 진행될 때는 자신감이나 의욕에 차서 적극적으로 매사에 도전한다. 그러나 일단 역경에 처해지면 절망하거나 포기하고 소극적으로 변해 무슨 일을 하든 실패할 뿐이다.

역경을 이겨내려면 자신을 객관적으로 바라보는 습관이 필요하다. 그것은 마음의 '여유로움'에서 비롯된다.

가족에 대한 책임감이 자신을 강하게 만든다

나는 강연회에서 발표를 할 때 이따금씩 참석자들에게 이렇게 질문을 던진다.

"회사와 자신 가운데 어느 쪽이 더 소중한가요?"

그러면 참석자 대부분이 잠시 망설이다가 "저 자신이 중요한데요"라고 대답한다. 지금까지 수십 명에게 질문을 했지만 "회사가 더 소중합니다"라고 대답하는 특이한 사람은 단 1명뿐이었다.

회사는 매우 중요한 존재다. 그러나 솔직히 말해 회사는 어디까지나 자아를 실현하기 위한 하나의 수단에 불과하다. 바꿔 말해 회사는 대체할 수 있다. 그 회사를 나와서도 동종 업계의 다른 곳으로 전직을 하면 된다.

그러나 자신은 결코 바꿀 수 없다. 그렇기 때문에 회사가 자신보다 더 소중하다고 대답할 수 없는 것이다.

회사에서 일을 하는 목적은 업무를 통해 자아를 실현하고 스스로 행복해지기 위해서다.

자신이 행복하려면 가족이 행복해야 한다. 중요한 순서대로 열거하면 자신, 가족, 회사다.

나는 셸 석유회사, 일본 코카콜라, 존슨 앤 존슨을 거쳐 현재 네덜란드
계 일렉트로닉스 기업인 일본 필립스 사에 근무하고 있다. 물론 그때그때
처해진 장소에서 최선을 다했다. 내가 회사에서 전력투구할 수 있었던 밑
바탕에는 가족에 대한 책임감이 항상 자리하고 있었다. 여러분도 가족의
소중함을 늘 염두에 두고 업무에 매진하면 한결 책임감이 강해질 것이다.

습관 5 항상 즐거운 마음으로 살아라

- 비전을 세우고 즐겁게 일하라
- 좋은 기회는 적극적으로 받아들여라
- 매사 긍정적인 사고를 하라
- 밝은 표정을 연습하라
- 자신의 건강에 신경 써라
- 실패를 두려워하지 마라

10장

인생을 즐기는 삶의 방식

나는 종종 유럽이나 미국을 비롯해 아시아 지역으로 강연을 하러 간다. 그런데 그때마다 일본인과 서양인의 업무와 여가에 대한 생각의 차이를 느낀다.

일본 샐러리맨의 연평균 노동시간은 2,100시간이고, 미국인은 1,800시간, 독일인과 프랑스인은 1,600시간 정도다. 일본인은 서양인보다 20분 일찍 출근해 2시간이나 더 늦게 퇴근한다. 그리고 근무 시간에 출퇴근 시간을 더하면 하루에 회사에 매여 있는 시간 차이는 훨씬 더 벌어진다. 일본인이 하루에 회사에 구속된 시간은 약 12시간으로, 그것은 미국보다 1시간 40분, 독일이나 프랑스보다는 2시간 30분에서 3시간이나 길다.

일본인은 근면성실하게 일하고 열심히 제품의 품질을 개선한 결과 겉보기에는 벼락부자가 되었다. 수치상으로는 분명히 개개인이 풍요로운 삶을 즐기고 있지만 사실상 QOL(Quality Of Life, 삶의 질)면에서는 그렇게 느끼지 못하고 있다.

업무를 무지개 빛으로 만드는 상용구

하루의 대부분을 회사에서 보내는 직장인들에게 여가 시간이란 턱없이 부족하다. 그래서 얼마 되지 않는 여가 시간을 어떻게 보내는지가 중요한 문제로 떠올랐다. 일본의 경제는 유통량이나 재고 면에서 약간의 여유가 생겼다. 버블 경제가 붕괴되면서 여가 시간도 늘어났다. 그러나 일하는 데만 길들여진 직장인들은 노는 방법을 몰랐다.

여가 생활을 즐길 때도 마치 일할 때처럼 심각해지고, 기껏해야 목적 없는 해외여행이나 인구 밀집지역으로 관광을 갈 뿐이다. 휴가가 끝날 즈음에는 몸은 녹초가 되고 지갑은 텅텅 빈다. 여행을 즐기고 온 것이 아니라 노동을 하고 온 것처럼 말이다. 최근에는 여가 문화도 조금씩 바뀌어가고 있기는 하지만 아직까지 많은 직장인들은 여가 시간을 어떻게 보내야 할지 잘 몰라 방황하고 있다.

서양의 직장인들은 휴가를 '아무 것도 하지 않는 것'이라고 생각한다. 동양의 직장인들은 제한된 시간에 '이것도, 저것도' 즐기려고 동분서주하는 대신에 서양인들은 '이걸 할까, 저걸 할까' 생각하며 가장 좋은 방법을 선택한다. 일본인을 비롯하여 동양인들은 악착같이 놀려고 하지만, 서양인들은 느긋하게 즐길 뿐이다. 여가 시간의 양과 질을 따졌을 때 동양인과 서양인은 크게 차이가 난다.

이제 일개미처럼 일만 하는 직장인들도 조금은 여유롭게 삶의 질을 생각할 시기가 왔다.

물론 정신적으로 윤택해져서 한가하게 즐기되 결코 베짱이처럼 되어서는 안 된다. 개미는 열심히 일하고 베짱이는 노래를 부른다. 그것은 그들의 본능이다. 사고능력은 인간만이 가진 고유의 특성이다. 앞으로 직장인들은 생각을 하면서 일과 여가를 즐기는 '호모 개미베짱이(개미와 베짱이의 삶의 방식이나 인생관을 있는 그대로 인정하는 사고방식)' 의 습성을 습관화하라.

생각하면서 일과 여가 생활을 보낸다면 직장도 즐거움으로 충만할 것이다.

나에게는 나의 비즈니스 인생에서 가장 존경하는 상사가 있다. 그는 내가 존슨 앤 존슨에 있을 때 본사 회장이었던 제임스 백이다. 백 회장은 사원들에게 종종 "업무를 잘 하려면 모름지기 스스로 유쾌해야 한다"라고 말했다.

'유쾌하다' 란 마음이 즐겁고 기쁜 상태를 의미한다. 즐기면서 업무를 하고 그것에서 기쁨을 찾겠다는 마음의 여유가 있어야 모든 일을 잘 할 수 있다. 그것이 바로 백 회장이 말하고자 한 취지다.

그런데 '유쾌' 와 대조적인 단어가 '심각' 이다. 백 회장의 말은 진지하게 일을 하는 것은 좋지만 미간을 찌푸리면서까지 지나치게 심각하게 업무에 매달리는 것은 바람직하지 못하다는 의미다.

가벼운 마음으로 업무에 매진하라

사실상 비즈니스 세계에서 기분 좋게 업무를 하기는 어렵다. 아무리 유쾌하게 일을 하려고 해도 좀처럼 그런 기분이 들지 않을 때가 많다. 그러나 평소에 꾸준히 즐거운 얼굴을 하는 습관을 들인다면 업무를 할 때도 결코 인상을 찡그리거나 하지는 않을 것이다. 심지어는 다소 상황이 불리할 때도 주위 사람들에게 웃는 얼굴을 보이면 그것이 좋은 결과로 나타난다. 사람들은 대체로 어두운 성격보다는 밝은 성격을 좋아한다. 남들에게 호감을 사면 인생이 즐거워져 업무도 유쾌하게 처리할 수 있다.

백 회장은 늘 '유쾌하게 일하자' 라고 주장했다. 나는 그것을 '즐겁게 일하고 즐겁게 배우자(樂勞樂學, 낙로낙학)' 라고 내 나름대로 해석했다. 이 철학은 즐겁게 일하고 배운다는 '호모 개미베짱이' 가 되기 위한 가이드라인이다.

그렇다면 유쾌하게 업무에 매진하려면 어떻게 해야 할까?

엄격한 비즈니스 환경에서 '낙로낙학'을 실천하려면 자기 나름대로 기본적인 습관을 들여야 한다.

첫째, 스스로 여유로운 마음을 가져라.

심적인 여유를 잃고 정신없이 허둥대며 일을 하면 일이 원만히 진행되지 않을 뿐만 아니라 남들에게도 자연스레 자신의 불안한 기분이 전염되어 팀이나 부서 전체가 심각한 분위기에 빠질 수도 있다. 특히 부하 직원을 거느리고 있는 자리에 있는 사람은 그 영향력이 더욱 크다.

마음에 여유가 없을 때에는 한 발 뒤로 물러나 상황을 객관적으로 바라보라. 아무리 심각한 상황이라도 찾아보면 나름의 여유가 있게 마련이다. 어른스러운 성숙한 태도로 의식을 집중해 상황을 객관화하려고 노력하면 자연스레 즐거운 마음이 든다.

둘째, 긴장을 풀어라.

내가 알고 있는 미국의 비즈니스맨은 유쾌한 기분을 만들기 위해 농담을 활용한다. 업무에 집중하고 있으면 긴장이 고조되어 스트레스가 쌓인다. 그럴 때일수록 더 많이 농담을 던진다. 농담은 긴장감이나 스트레스를 해소하는 윤활유 역할을 한다. 농담거리를 찾고 그것을 적절한 타이밍에 던질 수 있는 방법을 연구하는 그 미국인의 정열은 정말 대단하다. 그만큼 삶을 유쾌하게 즐기고자 하는 가치관이 확립되어 있다.

일본인은 응원할 때 "힘내라!"라고 외친다. 그러나 미국인은 "맘 편히 해라(Take it easy)"라고 말한다. 일본인은 필사적으로 매달려야 제 기량을 발휘할 수 있다고 생각하는데 반해 미국인은 긴장을 풀어야 더욱 힘을 낼 수 있다고 생각하는 것이다. 농담도 미국인들의 여유 있는 생활 습관에서 표출되는 것은 아닐까?

셋째, 자기 시간을 지켜라.

회사 시간과 마찬가지로 자기 시간 혹은 가족과의 시간을 소중하게 생각하라. 구체적으로 말하면 회사에서 자신이 해야 할 업무를 끝마쳤으면 주위 눈치를 살피지 말고 그냥 퇴근하라. 실제로 대부분의 미국인은 정각이 되면 재빨리 퇴근한다. 심지어 미국에서는 남편이 지나치게 출장이 많거나 귀가 시간이 늦어지면 그것이 이혼 사유로 작용해 상당한 위자료를 부인에게 주어야 한다는 이야기가 나돌 정도다. 그러므로 긴장의 연속인 회사에서 유쾌한 기분으로 일하려면 미국인과 같은 줏대가 있어야 하지 않을까?

일류 비즈니스맨은 어린아이와 같다?

넷째, 때로는 대강주의자가 되라.

지인 중에 통역의 달인이 있다. 그에게 이런 질문을 한 적이 있다.

"당신은 일본의 재계 인사들을 통역한 경험이 많겠지요? 당신이 보기에 개성적인 면에서 남들과 차별되는 그들만의 공통점이 있던가요?"

그러자 "뭔가 빈틈이 있다고 할까? 인간적으로 일종의 어린애 같은 면이 있어요"라고 대답했다. 요컨대 그들에게는 어린아이와 같이 천진난만하면서 대범한 구석이 있다는 이야기다.

그들은, 인간관계를 예로 들면 설득의 기본인 논리와 수치 근거 만으로 상대를 이해시키려 하지 않는다. 대체로 느긋한 마음으로 인간적인 매력을 발산하며 자연스레 상대를 감화시킨다.

예전에 일본 재계의 거물인 이시자카 다이조(일본 경제단체협의회 회장

역임, 고도성장기 일본의 경제를 이끌었다) 씨와 도코 도시오(옛 도시바 그룹의 회장) 씨를 만나 큰 감명을 받았다. 그들에게는 한결같이 알 수 없는 여유로움이 느껴졌다. 좌중을 휘어잡는 강력한 존재감이 느껴지지만 그렇다고 해서 그것이 위압적이지는 않았다. 진정한 실력과 자신감이 있기 때문에 자연스러운 여유로움이 발산되는 것이 아닐까?

일류 비즈니스맨들은 면도칼처럼 날카롭지 않고 오히려 손도끼처럼 뭉툭한 느낌을 준다. 능력이나 자신감이 위협적이거나 날카롭게 표출되지 않는다는 의미다.

내가 일본 코카콜라에 재임하던 시절 한 영국인 선배가 이런 말을 했다 "손도끼는 될지언정 면도칼은 되지 말게. 면도칼은 너무 날카로워서 인정미가 없거든. 그래서 큰 업무를 진행할 때는 손도끼처럼 푸근한 맛이 있어야 한다네"라고 엄격하게 충고했다.

여러분도 매사에 날카롭지 않은 부드러움을 앞세울 수 있다면 업무를 훨씬 더 즐길 수 있을 것이다.

실패를 표창하는 미국 기업

나는 업무를 크게 3가지로 분류한다.

우선 이른바 3D 업종으로 힘들고(Difficult), 더러우며(Dirty), 위험한(Dangerous) 일이 있다. 그것을 나는 '뇌동(牢動)'이라 한다. 마치 감옥에서 일을 하는 것처럼 고통스러운 업무라는 뜻에서 그렇게 부른다. 다음으로 육체적으로는 힘들지 모르지만 정신적으로는 그럭저럭 할 만한 업무가 보통 말하는 '노동(勞動)'이다. 그것은 뇌동보다는 조금 더 인간적인 면이 있다. 마지막으로 노동에 유쾌함이라는 만족감을 더한 '낭동(朗動)'이 있다.

내가 생각하기에 유쾌한 직장이란 '낭동 환경'이.조성된 곳이다. 그러한 조직에서 일하는 것이야말로 직장인으로서는 최고의 행운이다. 낭동 환경은 관리식뿐만 아니라 여러 직종에서 만들 수 있다.

그렇다면 개개인이 유쾌한 직장을 만들려면 어떻게 해야 할까?

일상적인 일례를 들어보면 미국 비즈니스맨과 같이 농담을 던져 주위 사람들을 즐겁게 하는 습관을 길러라. 농담거리를 대여섯 개 정도 늘 준비해두고서 대화 중간 중간에 던진다. 농담을 하는 타이밍은 경험적으로 터득할 수 있다.

농담을 생활화하려면 평소에 대화를 하거나 독서를 할 때 마음에 든 농담거리를 수집해두어야 한다. 또한 적당한 농담거리를 발견했으면 그날 안에 시험 삼아 사용해야 한다. 그렇게 하면 기억하기도 쉽고 농담을 했을 때 상대방의 반응 정도도 가늠할 수 있다.

다음으로 유쾌한 직장을 만들려면 업무를 게임처럼 하라. 게임에 성공하면 그에 상응하는 대가를 받는다. 그래서 업무를 할 때도 적당한 목표를 설정해 그것을 달성하기 위해 최선을 다해 일한 뒤에 그에 따른 보수(incentive)를 준다. 표창 파티를 열어 다함께 즐기면서 축복하는 방법도 효과적이다. 각자 자신의 직장이나 업무 내용에 맞게 적절한 방법을 고안해서 제안해보라. 심지어 미국에서는 실패를 표창하는 이색적인 회사도 있다고 하는데, 실패가 성공의 어머니라는 개념을 사원들에게 확실히 인식시키기 위해서라고 한다.

유쾌한 직장을 만드는 가장 정통한 방법은 직장 내에서 비전을 세우는 것이다.

서투른 사원들을 중심으로 비전 위원회 등을 조직해 아래에서 쉴새없이 올라오는 의견을 수렴해 부서가 앞으로 어떻게 나아갈지를 명확하게 구상한다.

나도 모 회사에서 의뢰를 받아 그들이 비전을 세우는 작업을 도와준 적이 있다. 먼저 일반 사원, 부서 과장급, 경영진의 3그룹으로 나눈 뒤 각각의 의견을 참고해 비전을 만들었다. 3그룹이 모두 비전을 세우는 작업에 참여함으로써 모든 사원이 공통된 비전과 가치관을 가질 수 있다. 회사의 비전이 사원 개개인에게 자식(my baby)이 되는 셈이다. 작업을 마친 후 몇 개월이 지난 뒤 다시 그 회사를 찾았을 때 사장은 나에게 "사원들의 눈빛과 얼굴 표정이 완전히 바뀌었어요"라는 말로 감사를 대신했다.

직장을 유쾌한 곳으로 만들려면 먼저 그것을 자신의 문제로 받아들여라. 현재 자신의 업무가 '뇌동'인지 '노동'인지 '낭동'인지를 냉정하게 평가한 뒤 스스로 기분을 유쾌하게 만들어라. 자신이 즐거운 마음을 가져야 회사도 유쾌한 곳이 될 수 있다.

최고가 되려면 두 마리 토끼를 잡아라

예로부터 일본인은 한 가지 일에만 매달리는 사람을 높게 평가해왔다. '두 마리 토끼를 잡으려다가 하나도 못 잡는다'는 속담처럼 이것저것에 손을 대는 사람은 인정받지 못한다. 일단 결심하면 맹목적으로 그 길에 매진해야만 반드시 보답을 얻을 수 있다고 생각하기 때문이다.

물론 그러한 생각이 잘못되었다는 것은 아니다. 그러나 요즘같이 사회가 나양화되고 다원화되는 환경에서 한 가지 일에만 매달려서는 안 된다. 자신이 선택한 분야와 직간접적으로 연관된 분야에도 관심을 기울여서 배워두어야 진정한 의미에서 그 일을 자기 것으로 만들었다고 할 수 있다.

학생 때 한 선배가 이런 말을 했던 기억이 난다. 그는 "적어도 동시에 두세 분야에 매진해봐야 제대로 인생을 살 수 있어"라고 조언했다. 좁은 분야의 연구에만 몰두하는 학자라도 한 길만을 고집한다면 그는 단지 책벌레로서 인생을 마감할 뿐이라는 것이 그의 지론이다. 그 당시에는 '과연 그럴까?'라고 미심쩍어했지만 지금은 그 중요성을 실감하고 있다.

현대는 국가 간 협력이나 유사 학문 간의 협력뿐만 아니라 유사 업종 간의 협력 체계도 만연할 정도로 복잡해졌다. 비즈니스 업계에서 특정 분야의 일인자가 되려면 복수의 분야에 촉각을 곤두세워야 한다. 그래서 몇 년 전부터 '파이(π)형 인간'이라는 새로운 인재상이 대두되기도 했다. 그들은 2가지 이상의 전문분야에서 활약하며 지식의 폭도 매우 넓다. 진정한 비즈니스맨이 되고 싶은가? 그렇다면 될 수 있는 대로 자신이 선택한 두세 분야에서 전문성을 키워라.

개인과 회사를 성장시키는 복속형 인간

향후 기업에서는 어떤 인재를 필요로 할까?

기업은 개인과 회사 모두에게 상호협력적인 플러스 섬(plus-sum, 양의 결과가 나오는 한 당사자들의 협상에 의해 모두 이익을 본다는 경제 개념)의 가치를 창조해 스스로 독창력을 발휘하고 그것을 실행할 수 있는 사람을 원한다.

그러한 유형의 사람들은 회사에만 매여 있지 않고 그 밖의 곳에서 자신이 사는 보람을 확보한다. 즉 회사에만 '소속' 되어 있는 것이 아니라 복수의 곳에 '복속(複屬)' 되어 있다는 말이다.

회사 밖에서 보람을 느낄 수 있는 일은 취미나 자원봉사, 지역사회와 관련한 일 등 다양하다. 단, 그러한 일은 기분을 전환하는 차원의 가벼운 취미 활동이 아니라 자신의 모든 것을 내걸 정도로 정열을 느낄 수 있는 분야가 좋다. 다원화되는 현대 비즈니스 업계에서는 회사 밖의 세상에서도 즐거움을 발견할 줄 아는 사람이 최고로 성장할 수 있다.

2가지 일을 동시에 하는 2가지 방법이 있다. 회사와 전혀 무관한 분야에서 자신만의 세계를 구축하는 방법과 회사와 관련된 분야에서 일인자가되는 방법이다. 후자의 단적인 예는 경리 업무를 보는 사람이 세무사나 공인회계사 자격을 취득하거나, 부동산 관련 회사에 근무하는 사람이 부동

산 감정사 자격을 얻는 경우다. 그러나 이처럼 업무와 직결되지 않더라도 자신이 흥미를 느끼는 또 다른 세상을 만드는 사람도 있다.

내가 만든 영어 표현에 '인생은 너무나 짧아 즐기지 않으면 손해다(Life is too short to enjoy)'라는 말이 있다. 자신이 이해하고 흥미를 느끼는 분야가 있다면 그것에 매진하라는 의미다.

자신이 흥미와 정열을 느끼면서 중요하다고 생각하는 분야가 있으면 인생이라는 도화지의 색깔이 훨씬 선명해질 뿐만 아니라 본업도 더욱 충실히 하게 된다. 나는 직업이 하나인 사람보다 2가지인 사람이 본업에서도 더 좋은 실적을 낸다고 생각한다. 회사에서 엄중한 감시를 참아가면서 2가지 일을 계속해서 병행하려면 상당한 의지와 인내력이 필요하다. 겸업은 본업을 완벽하게 처리하기 위한 강력한 동기가 된다.

개인의 삶과 비즈니스맨으로서 회사에서 책임이나 의무를 이행하는 삶을 대립된 개념으로 오인하지 마라. 오히려 서로 보완하는 양립 개념으로서 받아들이는 편이 바람직하다. '오른손에 개념을, 왼손에는 수단을' 지니고 융통성 있게 삶을 영위하라.

술자리에서는 침착하라

직장 생활에서 결코 빠지지 않는 것이 '음주 문화'다. 다시 말해 상사와 부하 직원 혹은 같은 부서와 다른 부서의 사람들을 만나다보면 자연스레 술자리가 많아진다. 일반 사원일 때는 법도에 따라 술을 마시면 되지만,

부하 직원을 거느리는 자리에 오르면 그렇게 마음 편하게 즐길 수만은 없다. 상사의 처지에서 술자리란 부하 직원들을 즐겁게 하고 자신도 긴장을 풀면서 동시에 분위기도 파악해야 하기 때문이다.

그렇다면 상사는 술자리에서 어떤 점에 주의를 해야 할까?

일반 사원들도 참고하면 좋을 상사의 기본 자질을 알아보자.

① 알코올에 너무 의존하지 마라.

상사로서 부하 직원을 관리해야 하는 기본적인 업무는 등한시한 채 술자리에만 지나치게 의존하는 것은 주객이 전도된 형상이다. 상사의 직무는 사무실에서 목표를 제시하고 정확한 권한을 위양하는 것이다. 술자리는 어디까지나 그것을 보완하는 수단일 뿐이다.

② 가끔은 자비를 털어라.

대부분의 부하 직원들은 상사가 회사의 접대비로 값비싼 저녁을 사는 것보다 자신의 돈을 털어 삼겹살이라도 사주는 것을 감사하게 생각한다. 자비를 쓰려면 자기희생이 뒷받침되어야 가능하기 때문이다.

부하 직원이 상사를 보는 눈은 제법 까다롭다. 만약에 상사가 회사 돈으로 술자리를 마련하면 말은 하지 않아도 '자기가 술을 마시고 싶으니까 괜히 우리까지 불러낸 거 아냐?' 라고 의심한다. 상사가 되면 때로는 자비를 털어서라도 부하 직원에게 자신이 얼마나 통이 큰지를 보여주어야 한다. 부하 직원은 상사의 주머니 사정이 좋지 않다는 것쯤은 충분히 알고 있다. 그래서 부하 직원은 상사가 술을 산다는 사실만으로도 큰 감동을 받는 것이다.

③ 귀동냥을 하라.

술에 취하면 혀가 꼬이거나 평소에 좀처럼 하기 힘든 이야기도 술술 입밖에 낸다. 그것이 바로 알코올의 효과다. 이때야말로 주저리주저리 털어놓는 부하 직원의 본심을 들을 수 있는 절호의 찬스다. 동서고금을 막론하고 술자리는 사람의 마음을 관찰하는 최상의 장소라고 했다.

④ 긴 설교는 하지마라.

최악의 술자리는 상사의 설교로 끝나는 경우다. 상사라고 해서 큰 소리로 자기 이야기만 떠들면 술자리는 금세 썰렁해진다. 그러면 부하 직원들을 위해 모처럼 한턱을 낸 보람이 없다. 혀는 술과 안주를 음미하는 데 쓰고 그밖에는 함부로 움직이지 마라.

⑤침착하게 술을 마셔라.

경영자와 같은 윗사람과 술자리를 가지는 경우, 상사가 아무리 "오늘은 마음껏 마시고 즐기게나. 자, 자유롭게 얘기들 하게"라고 말해도 결코 방심해서는 안 된다. 이때도 윗사람은 부하 직원의 행동거지를 유심히 관찰하게 마련이다. 상사에게 '술로 본성을 드러냈다'는 평가를 받아서는 안된다. 침착하게 술을 마시면서, 재미있는 화제를 꺼내 분위기를 이끌고 주위 사람들을 세심하게 배려하는 행동을 보인다. '술은 마시되 취하지는 마라', '자유로운 장소일수록 침착하게 행동하라'는 2가지 사항을 반드시 유념하라.

　어떤 사장은 한 부하직원을 '가장 매너 있게 식사를 한다'는 이유로 여러 후보자를 제쳐두고 중역으로 발탁했다고 한다. 술을 마시거나 밥을 먹는 행위는 가장 인간적인 모습이다. 그래서 더더욱 주의를 해야 하는 것이다.

11장
행운을 불러오는 습관

　'부모와 돈은 항상 있는 것이 아니고, 행운과 재난은 늘 없는 것이 아니다' 라는 말이 있다. 순조롭게만 운영되던 기업이 거래처의 부도로 하루아침에 연쇄도산의 재난에 처하는 경우가 있다. 반대로 만성적으로 적자에 허덕이던 기업이 운 좋게 히트 상품을 내놓아 우량기업으로 다시 태어나는 경우도 있다.

　긴 인생을 살다보면 재난과 행운은 몇 번씩 찾아오게 마련이다. 그것을 받아들이는 자세는 자신의 마음가짐과 능력에 따라 달라진다.

　가와카미 데쓰하루(1940~50년대 일본 프로야구 계를 장악한 자이언츠 팀의 강타자)는 현역 시절에 '붉은 방망이' 라는 명성을 얻으면서 청소년들의 가슴을 울리고, 자이언트 감독이 되고 나서는 전대미문의 9연패라는 기록을 달성했다. 그는 모 신문기자와의 인터뷰에서 자신의 성공에 대해 "운은 분명히 있다. 나는 '운이 있기 때문에 뭐든 할 수 있다' 라는 신념을 늘 지니고 있었다"라고 털어놓았다.

가와카미 감독은 "단순히 운을 믿었던 것이 아니라, 나름대로 최선의 노력을 다한 사람은 운이 따르게 마련이라고 생각했다"라고 덧붙였다. 그는 '나에게는 운이 따르므로 그냥 그것을 기다린다'가 아니라 '나에게는 운이 따르기 때문에 그 운을 내 것으로 만들기 위해 끊임없이 노력한다'라는 능동적인 사고방식으로 노력했다. 그러한 노력이 있었기 때문에 가와카미 감독은 "나는 운이 좋다"라고 당당히 말할 수 있는 것이다.

인생의 바람을 타는 3가지 비결

행운의 여신은 뒷머리가 없어 행운이 다가올 때는 앞에서 잡아야 한다는 말이 있다. 행운을 발견하는 즉시 그것을 손에 넣을 수 있도록 내 나름으로 방법을 연구했는데, 이른바 행운을 잡는 일상의 습관들이다.

① 운을 바꿀 수 있게 노력하라.

나는 운명론자가 아니다. 그러나 운은 있으며 그것에는 크고 작음이 있다고 생각한다. 가난한 사람은 길을 가다 겨우 1,000 엔(약 1만 원)을 줍고서도 행운을 느낀다. 반면 어떤 부자는 10억 엔(약 100억 원)의 이익을 가져올 일이 틀어져 1억 엔(약 10억 원)밖에 손에 넣지 못해 운이 없다고 하소연하기도 한다.

크든 작든 운이 찾아오기를 기다리는 사람은 인생을 낭비할 뿐이다. 가와카미 감독처럼 '자신에게 운이 따른다'라고 확신하고서 그 운을 자신의 힘으로 더욱 강하게 만들겠다는 의지가 있어야 한다. 그러한 의지로 지속적으로 노력하는 습관을 들여야 진정한 행운을 안을 수 있다.

행운이나 기회는 노력의 결과다. 운이라는 글자는 한자로 '運(옮기다)'이라고 쓴다. 다시 말해 운은 움직이는 것이다. 자신의 편으로 운을 끌어들이기 위해 노력하는 마음가짐과 행동이 가장 중요하다. 운이란 '운명론' 보다는 끊임없는 노력을 전제로 한 '노력론' 이라는 의미에서 강조하고 싶다.

② 운을 잡는 용기를 가져라.

운은 대부분의 사람들에게 찾아온다. 불운한 사람은 자신에게 운이 찾아왔음을 느끼지 못하며, 불행한 사람은 그것을 눈치채고도 잡을 용기가 없다. 행운의 여신과 실패의 마귀는 동전의 양면처럼 항상 함께 찾아온다. 그래서 많은 사람들이 실패가 무서워 모처럼 찾아온 행운을 놓친다.

자신에게 운이 찾아온 것은 분명히 '행운' 이다. 그러나 그 운을 잡는 '용기' 가 없으면 아무런 소용이 없다. 기회를 잡아 그것을 활용하는 용기를 갖는 것이 멋진 인생을 사는 비결이다.

③ 자신의 행운에 감사하라.

크게 노력해 대단한 성과를 거두었을 때 '이번에는 운이 좋았어' 라고 생각하는 여유를 가져라. 노력했기 때문에 당연히 성공한 것이겠지만 자신의 노력 이외에도 플러스알파의 뭔가가 작용했을지도 모른다는 사고방식을 가져야 한다. 성공에 자만하지 않고 항상 자신의 방법에서 뭔가 잘못된 점이나 개선해야 할 점이 없는지 살피며 자기를 개혁하려는 습관을 들여라. 비즈니스 세계에서는 결과가 아무리 좋아도 과정이 나쁘면 궁극적으로는 실패한 것이다. 그래서 과정을 엄격하게 따져보아야 한다.

물론 실패했을 때는 '노력이 부족했다. 너무 쉽게 생각한 게 문제였어'라고 반성하는 겸허함도 필요하다.

행운이 손짓할 때는 이렇게 하라

사람들은 승진에 대한 이야기가 화제에 오르면 이런 말을 한다. "승진에는 시기가 있어. 지위에 맞는 경험과 실적을 쌓은 뒤에 주위의 모든 사람이 그의 승진을 당연하게 받아들일 정도가 되어야 제대로 된 승진이지."

결코 틀린 말은 아니다. 그러나 다른 사람의 빠른 승진을 비딱한 시선으로 보는 사람도 정작 자신에게 그런 기회가 오면 '주위 사람이 어떻게 생각하든 나만 괜찮다고 생각하면 그만 아닌가?' 라고 생각한다. 남의 승진과 자신의 그것에는 인식과 태도에서 큰 차이가 난다. '총론 찬성, 각론 이견' 이라는 말이 있듯이 자신에게 막상 닥치면 정론과 감정(기대)론을 일치시키기가 어렵다.

자신이 놀랄 정도로 빨리 승진했다고 하자. 이때 그것을 기회로 받아들여도 좋을까?

결론부터 말하자면 나는 승진은 빠를수록 좋다고 생각한다. 그러므로 좋은 기회는 적극적으로 받아들여라.

20~30대에는 경험은 별로 없지만 활력이 있다. 그들은 체력과 활동력, 행동력, 기억력으로 승부할 수 있다는 장점이 있는 반면 그로 말미암아 주위 사람들에게는 위태롭게 보일 수도 있다. 한편 40~50대에는 체력은 떨어지지만 판단력이나 조정력, 균형감각, 지혜 등의 원숙미가 묻어난다. 오랜 경험은 돈으로 살 수 있는 것이 아니다. 주위를 둘러보면 40~50대 비즈니스맨 중에 젊은 사람들이 감히 흉내 낼 수 없을 정도로 탁월한 능력을 발휘하는 사람이 많다.

젊으면 젊은 대로 나이가 들면 또 그 나름으로 자신의 맛을 살릴 수 있다. 실력만 있다면 승진은 아무리 빨라도 무방하다. 오히려 그것을 바람직한 현상으로 받아들여야 한다.

벼는 익을수록 고개를 숙인다

나이가 젊다는 이유로 승진의 기회가 와도 쉽게 잡지 못하고 여유를 부리는 사람이 있다. 그러나 그것은 찾아온 기회를 저버리는 적합한 이유가 되지 못한다. 그것은 다음과 같은 이유 때문이다.

첫째, 모든 능력을 종합했을 때 반드시 연장자가 우수하다는 보장은 없다. 나의 지론에 따르면 30살이 넘으면 개인의 기량이나 역량이 나이가 아니라 성숙도에 따라 달라진다. 승진과 승격은 해마다 그 사람이 어떠한 능력을 쌓았는지로 판단해야 한다.

둘째, 경영자가 능력이 있다고 판단해서 승진시키려는 경우와 발탁해서 능력을 키우려는 경우를 고려할 수 있다.

미국인은 '지위와 함께 성장한다(grow into job)' 라고 표현한다. 반면에 일본에서는 '지위가 사람을 만든다' 라고 말한다. '이 사람에게 이렇게 중대한 업무를 맡겨도 괜찮을까?' 라고 염려되는 사람이 일단 책임감을 느끼는 자리에 앉으면 의외로 뛰어난 실력을 발휘하는 경우가 종종 있다. 여러분은 처음에는 능력이 의심되던 사람이 직책을 맡자 인품에서 표정까지 지위에 맞게 성장하는 모습을 보고 깜짝 놀란 일이 없는가? 자리에 맞는 자질과 실력을 갖춘 사람은 자신의 위치에 탄력을 받아 한층 더 성장할 수 있다.

셋째, 승진은 우연히 이루어지기도 한다는 사실이다. 조직을 변경하면서 연쇄반응의 결과로 뜻밖에 승진하는 기회가 찾아오기도 한다. 그럴 때는 당당히 승진을 받아들여라. 그렇지 않으면 조직도 곤란해진다.

한편 승진을 하면 업무의 범위가 갑자기 광범위해지고 권한도 무거워진다. 그런데 권력을 쥐자마자 자신이 정말로 대단한 사람이 된 것처럼 착각하는 꼴불견들이 있다.

그러한 유형의 사람들은 승진과 동시에 기고만장해져 부하 직원이나 외부 사람들에게 방자하고 거만한 태도를 보인다. 예컨대 승진하기 전까지는 깍듯이 'ㅇㅇ님'이라는 호칭을 붙였던 연장자에게 자신의 부하 직원으로 배속되었다는 이유로 돌연 'ㅇㅇ씨'로 낮추어 부른다. 전처럼 그냥 'ㅇㅇ님'이라고 호칭하고 직무를 수행해도 아무런 문제가 되지 않는데도 말이다. 인생 선배로서 'ㅇㅇ님'이라고 호칭을 그대로 부르는 편이 자연스럽고 훨씬 호감도 간다.

조직 내에서 지위가 오르고 업무의 권한이 확대되었다고 해서 본질적으로 개인의 가치까지 상승한 것은 아니다. 나이나 성별, 입장의 차이, 경력, 국적 등의 다양한 속성과 관계없이 그 사람 자체만을 보고서 가치를 평가해야 한다. 그러한 마음으로 겸허하게 사람들을 대하는 것이 성숙한 비즈니스맨의 자세다.

'벼는 익을수록 고개를 숙인다'는 속담처럼 일류 비즈니스맨은 젊은 시절부터 그러한 마음가짐으로 사람을 대한다.

지위나 직책이라는 것은 기껏해야 자신이 속한 사회에서 정한 약속에 불과하다. 그 약속이 파기되면 사장이나 평사원이나 아무런 차이가 없다. 지위가 아니라 한 명의 사람으로서 존엄성이나 가치를 물어야 한다.

나는 상대에 따라 행동이나 말하는 태도를 달리 하는 사람을 기본적으로 신용하지 않는다. 승진해서 지위가 높아질수록 이전보다 더욱 엄격하게 인간적인 자질을 연마해야 한다.

두드려라! 그러면 열릴 것이다

인생은 결국 자신이 원하는 대로 흘러간다. 그것은 나폴레옹을 비롯해 많은 영웅이 주장한 내용이다.

이 이야기에 숨겨진 진리를 살펴보면 사회의 일원인 자신이 처한 환경이나 상황은 그것이 좋든 나쁘든 과거에 자신이 구상한 결과라는 말이다. 그래서 자신이 미래에 어떻게 될 것이라고 상상하면 정말로 그렇게 될 가능성이 높다.

그러므로 100% 바람이 이루어질 리는 없겠지만, 가능한 한 미래에 대해 밝은 쪽으로 생각하라. 미래를 부정적으로 생각하는 것은 아무런 이익이 없을 테니 말이다. '미래의 자신은 이렇게 되어 있을 거야', '그렇게 되려면 이러한 노력을 해야지' 등으로 긍정적인 방향으로 목표를 세우면 실현 가능성은 그만큼 커진다.

그래서 긍정적인 사고가 중요한 것이다.

나의 경험에 비추어보면 지금까지 만난 수많은 사람들 중에서 '이 사람은 정말 대단해' 라고 느낀 사람들에게는 한 가지 공통점이 있다. 그것은 성공한 사람들은 한결같이 '밝고 긍정적' 이라는 사실이다.

대부분의 사람들은 정신을 바싹 차리지 않으면 일이 잘못될 거라고 부정적으로 생각하는 경향이 있다. 그래서 부정적으로 사고하던 습관을 고쳐 매사에 '어떻게 하면 가능할까' 라고 긍정적으로 사고하도록 노력해야 한다. 우수한 관리자나 일류 비즈니스맨은 예외 없이 '어떻게 하면 가능

할까'라는 긍정적인 사고방식으로 매사를 생각하는 습관이 있다.

사람들은 대체로 부정적으로 사고하는 습관이 있기 때문에 어떤 사람이 안 되는 이유를 대면 '맞아!'라고 쉽게 긍정하게 된다. 불가능한 이유일수록 논리정연하게 설명하기 쉬운 법이다.

불가능한 이유만을 설득력 있게 늘어놓는 사람은 삼류 '평론가'일 뿐이다. 그러한 사람이 비즈니스맨으로서 큰 성과를 거둘 리가 없다. 문제를 해결하려면 안 되는 100가지 이유보다는 가능한 지혜 1가지를 내야 한다.

물론 긍정적으로 업무에 매진해도 문제는 생기게 마련이다. 문제가 발생하면 항상 '원만히 진행될 가능성'을 생각하라. 처음부터 안 된다고 단념하는 것보다 조금이라도 가능성이 있는 쪽으로 마음을 돌리는 편이 자신에게는 이득이다.

천성이 밝고 어두운 것은 단지 1% 차이

내가 만든 말 가운데 '긍정, 긍정, 또 긍정'이라는 문구가 있다. 이 말은 문제를 긍정적으로 받아들여야 결과도 좋게 나온다고 생각하라는 의미에서 만든 것이다. 실현 가능한 목표를 세워 한 단계씩 착실하게 실행에 옮겨 사소한 일이라도 성공적인 체험을 계속해서 쌓아나가면 점점 긍정적인 사고를 습득하게 된다. 그러면 정말로 성공을 거둘 수 있다.

"응에-" 하고 첫울음을 터트린 순간부터 결정된 사항을 '숙명'이라 한다. 그에 반해 스스로 만들어나가는 것은 '운명'이다. '운은 스스로 옮기는 것'이므로 그 운을 만드는 기초 작업으로 긍정적인 사고를 습득하면 어떨까?

매사를 긍정적으로 생각하는 사람은 한결같이 천성이 밝다. 사람과의 관계로 성립되는 비즈니스 세계에서 주위 사람들을 고무해 밝은 영향을 끼치는 사람은 성공의 열쇠를 거머쥘 수 있다.

나는 직원을 채용할 때 그 사람이 천성이 밝은지 어두운지를 중요한 판단 기준으로 삼는다. 그렇다고 해서 천성이 어두운 사람에게 딱히 원한이 있는 것은 아니다. 다만 밝은 천성의 가치를 확신하고 있으며 직원을 채용하는 결정적인 순간에 얼굴이나 태도가 어둡다는 것은 이후 사회생활을 하는 데도 문제가 된다고 생각하기 때문이다.

그렇다고 해서 천성이 밝은 사람과 어두운 사람에게 큰 차이가 있는 것은 아니다.

자타가 공인하는 천성이 밝은 사람이라도 어두운 구석은 있게 마련이다. 단지 밝은 천성이 어두운 면을 조금 웃돌 뿐으로 때로는 잠자고 있던 어두운 면이 대두되기도 한다. 근소한 차이는 얼마든지 극복할 수 있다. 그러므로 천성이 어두운 사람이라도 마음가짐을 조금만 바꾸면 밝은 사람으로 변신할 수 있다.

그렇다면 천성이 밝은 사람이 되려면 어떻게 해야 할까?

우선 '천성이 밝은 사람이 되자!'라고 결심하라. 그리고 나서 외적인 태도나 언어 습관에 그것을 주입시켜라.

미국의 심리학자 윌리엄 제임스(William James)는 '슬프기 때문에 우는 것이 아니라 울기 때문에 슬퍼지는 것이다' 라는 말을 남겼다. 그것은 '천성이 밝기 때문에 명랑한 것이 아니라 명랑하게 행동하기 때문에 천성이 밝은 것이다' 라는 말과도 일맥상통한다.

대체로 내면이 외면을 지배하지만 외면이 내면을 다스리는 경우 또한 적지 않다. 예컨대 정장을 입으면 작업복을 입을 때와는 행동거지부터 달라진다. 이렇게 복장 하나만으로도 사람이 변하는데 하물며 태도를 바꾸면 자신의 내면이 크게 달라지지 않겠는가?

스마일 카드가 행복을 부른다

비즈니스 업계에서 천성이 밝은 사람이 되려면 어떻게 해야 할까?

먼저 문제가 발생하면 그것을 정확하게 파악해 해결책을 강구한다. 이때는 현상을 용인하지 말고 일단 부정한 뒤 긍정적인 사고로 해결방안을 모색하라. 나는 그러한 사고방식을 '현상 부정, 대책 긍정' 이라고 부른다. 사전 준비가 끝났으면 밝은 태도로 주위 사람들을 동화시키면서 업무를 진행하라. 외면이 내면을 지배한다는 법칙처럼 업무를 통해 자신을 자연스레 천성이 밝은 사람으로 변화할 수 있다.

다음으로 쉽고 빠르게 천성이 밝은 사람으로 변신하려면 얼굴에 미소를 띤 채 큰소리로 인사를 하라.

웃는 얼굴과 씩씩한 목소리는 인사의 기본이다. 작은 습관을 실천함으로써 자신의 기분은 한층 긍정적으로 변한다. 그것은 결과적으로 타인에게도 좋은 인상을 남긴다. 어두운 표정과 작은 목소리는 자신감이 없는 것처럼 느껴져서 스스로 위축되게 마련이다.

나는 스마일 카드라는 나만의 거울을 늘 몸에 지니고 다닌다. 그 거울은 얼굴을 비춰볼 수 있는 금색 종이로 나는 사람들을 만나기 전에 항상 얼굴을 그것에 비추어 밝은 표정을 짓는 연습을 한다. 나는 웃는 얼굴과 밝은 태도가 사람들에게 얼마나 강렬한 인상을 심어주는지 잘 알고 있다.

사람은 어떠한 상황이나 현상이 21일 이상 지속되면 그것이 습관으로 정착되어 자신의 것이 된다고 한다.

작심삼일은 논외로 하고 아무리 끈기가 있는 사람이라도 대체로 19일 정도가 지나면 포기한다. 수없이 찾아오는 고비를 3주만 참고서 밝은 태도를 지속하면 명실공히 자타가 공인하는 천성이 밝은 사람으로 변신할 수 있다.

긴 인생 가운데 단 21일만 노력하면 여러분도 천성이 밝은 사람으로 다시 태어날 수 있다. 자, 무엇을 망설이는가? 어서 거울을 들고 자신의 표정부터 관리하자.

진정한 만족은 쾌적한 지역의 바로 옆에 있다

대부분의 사람에게는 쾌적한 지역이 있다. 쾌적한 지역이란 그 공간 안에만 있으면 자연스레 저항감이 없어지고 마음이 편안해지는 환경을 말한다. 목욕탕을 예로 들면 탕의 온도가 너무 뜨겁지도 미지근하지도 않게 딱 알맞아서 한번 들어가면 다시 나오고 싶지 않을 만큼 쾌적한 상황이다.

목욕탕이라면 쾌적한 지역에 안주하고 있어도 상관없다. 그러나 회사에서 쾌적한 지역에 너무 취해 있으면 자극이나 향상심이 일지 않아 매너리즘에 빠지고 만다.

개구리를 갑자기 뜨거운 물에 집어넣으면 참지 못하고 금세 뛰쳐나온다. 그러나 일단 미지근한 물에 넣고 난 후 서서히 온도를 높이면 그대로 삶은 개구리가 된다. 사람도 마찬가지다. 쾌적한 지역에 안주하면 다른 사람들에게 잡아먹히고 만다. 그런 사람은 모처럼 찾아온 행운도 놓친다.

근육을 만들려면 상당한 고통이 따르는 것처럼 정신도 자극이나 긴장감이 있어야 '해내고 말겠어!' 라는 향상심을 일으킨다. 쾌적한 지역에 안주해 있으면 실력은 점점 떨어지게 마련이다. 여러분도 삶은 개구리가 될 수 있다는 사실을 기억하라.

쾌적한 지역에 빠지면 '지금 이대로도 좋아' 라고 쉽게 만족한다. 그러나 그렇게 생각한 순간 자신의 능력은 퇴보하기 시작한다.

내가 학교 때 열중한 보디빌딩에서는 몸을 만드는 것보다 그것을 유지하는 일이 훨씬 힘들었다. 특히 사회인이 되고 나서는 눈 깜짝할 사이에 근육이 늘어지기 시작했다.

돌이켜보면 내가 몇 번씩이나 전직을 계획했던 것도 쾌적한 지역에 빠진 자신을 채찍질하려는 무의식의 결단이었다.

그러나 쾌적한 지역에서 탈출하기 위해 모든 사람이 전직을 할 수는 없으므로 다음 3가지 방법을 적절히 활용해보라.

① 메모하라.

일기나 그밖에 무엇을 써도 좋으니 자신이 생각한 것을 될 수 있는 대로 문장으로 표현하라. 뭔가를 씀으로써 자신이 생각한 것을 정리할 수 있을 뿐만 아니라 창조력을 유지하고 강화할 수 있다. 그리고 자신이 생각하는 바람직한 모습과 현재 자신의 모습을 비교할 수 있어 목표를 향해 더욱 매진하려는 의욕을 부채질한다. 그것은 쾌적한 지역에서 탈출하기 위한 도전이다.

② 땀을 내라.

문자 그대로 기분 좋게 땀을 내라. 회사에서 흘리는 식은땀이나 비지땀이 아니라 운동을 해서 나는 건강한 땀은 육체적인 쾌적한 지역을 타파해 몸과 마음이 노화되는 것을 막을 수 있다. 특히 스트레스 등으로 안절부절 못하거나 소화 장애가 올 때 운동을 하면 그것들을 자연스레 발산할 수 있다.

내일의 100점이 아닌 오늘의 80점을 받아라

③ 창피를 당하라.

자신이 경험하지 못한 분야에 적극적으로 도전해 수치심을 느껴보라. 나도 강연이나 집필 등을 할 때마다 부끄러움을 당할 각오를 하고 나서 자신의 생각을 발표한다. 나는 50살이 되면서 테니스를 시작했다. 처음에는 중학생이나 주부들과 시합을 할 때마다 번번이 패배해 크게 창피를 당했다.

'메모하라', '땀을 내라', '창피를 당하라' 중에서 많은 사람들이 가장 서투른 것이 아마도 '창피를 당하라' 라는 조언일 것이다. 그러나 '수치이 문화'에 젖어있는 비즈니스맨들이 적극적으로 창피를 당하려고 마음을 고쳐먹는 것이 쾌적한 지역을 타파하는 지름길이다.

그리고 실제로는 자신이 수치스럽다고 생각하는 것만큼 주위 사람들은 그것을 눈치채지 못하는 경우가 많다. 그러므로 주저하지 말고 창피를 당하자.

그런데 수치를 두려워하는 마음 근저에는 완벽주의가 자리하고 있다. 어학을 공부할 때 이러한 현상은 더욱 두드러지게 나타난다. '틀리면 안 돼' 라고 필사적으로 매달리기 때문에, 100점을 받을 수 있는 단계에 도달하지 않으면 한 걸음도 내딛지 않으려고 한다. 수학의 세계에서는 100이라는 숫자가 80보다 크지만, 비즈니스 세계에서는 반드시 그렇지가 않아 때로는 만점 보다 80점이 더 낫다. 업무에는 시간제한이 있기 때문이다.

예컨대 오늘 안으로 결단해야 할 문제가 80점의 단계이기 때문에 지연시킨다면 내일은 그것이 0점이 될 뿐이다. 오늘은 비록 80점이지만 나중에 나머지 20점을 보충할 방법은 얼마든지 있다.

내가 항상 강조하는 말이 있다. 그것은 "내일의 100점보다 오늘의 80점이 훨씬 가치 있다"라는 사실이다. 부족한 부분은 후에 보완하면 되지만, 만점을 고집해 예정된 시간 내에 해결하지 못한다면 더는 해결 방안이 없다.

속도와 결단 역시 쾌적한 지역을 타파하기 위한 중요한 습관이다. 쾌적한 지역을 탈출하는 데 가장 필요한 것은 바로 자신의 마음가짐이다. 무슨 일을 하든 실패의 위험성은 존재하게 마련이다. 그러나 실패를 두려워하지 않고 일단 시도해보려는 용기가 필요하다. 그래서 나는 쾌적한 지역을 탈피하는 가장 중요한 방법은 '창피를 당하는 것'이라고 강조하는 것이다.

내가 기회가 있을 때마다 집필을 하는 것도 창피를 무릅쓰고 자신의 의견을 표현하고자 하는 의지의 표현이다. 이 책만큼은 창피를 당하지 않기를 바라지만 말이다.

할 수 있는 사람에서 해낸 사람 되기

벤자민 프랭클린은 '자신의 결점을 고치는 프로그램'을 개발해 1주에 1가지씩 그것을 실천하라고 했다. 프랭클린 정도로 엄격하게 실행할 필요는 없겠지만 때로는 자신을 객관적으로 바라보고 자신의 장점과 단점을 확실히 분석해보는 시간을 가지는 것이 좋다.

장단점을 살펴보았으면 그 중에서 하루 빨리 고쳐야 하는 결점을 교정하기 위한 프로그램을 만들어라.

자신의 결점을 찾아내어 그것을 고치는 일련의 과정을 일컬어 'ZD(Zero

Defect, 자기 무결점) 운동' 이라고 한다. 그것은 QC(Quality Control, 품질관리) 운동의 일환으로 실시하는 무결점 운동을 자신에게 적용시킨다는 의미다. 모든 사람에게 성격상 단점은 있게 마련이지만, 특히 업무 능력상의 결함은 제거하는 편이 바람직하다.

직무를 수행하는 데 필요한 능력에는 크게 다음 3가지가 있다. 기능적이며 전문적인 능력, 매니지먼트 능력, 인간적 능력이다.

기능적이며 전문적인 능력이란 영업 사원의 경우에는 영업을 하는 데 반드시 필요한 능력을 말한다. 당연히 매니지먼트 능력이란 사람과 일을 관리하는 능력이다. 이 2가지 능력이 뛰어난 사람을 '할 수 있는 사람' 이라고 한다.

철강 왕 앤드류 카네기(Andrew Carnegie)는 "아무리 위대한 사람도 다른 사람의 협력이 있어야 제 실력을 발휘할 수 있다"라고 지적했다. 비즈니스 세계는 사람과 사람의 관계로 성립되므로 인간적인 능력이 반드시 필요하다.

인간적인 능력이 탁월한 사람이 바로 '해낸 사람' 이다.

비즈니스맨으로서 최고의 경지에 오른 사람은 양자를 모두 겸비한 '할 수 있고 해낸 사람' 이다. 그런 사람이 되는 것을 목표로 삼아 현재 자신의 수준을 파악한 뒤 결점이라고 생각되는 부분을 고치도록 노력하라.

자신이 바라는 이상향을 향해 나아가라

우선 자기 나름대로 자신의 치명적인 결점과 개선점을 찾아내라. 그리고 나서 자신이 믿고 따르는 상사나 동료에게 자신의 결점에 대해 물어보라. 불행하게도 주위에 믿을 만한 사람이 없다면 자신의 부인에게 물어도 좋다. 부인은 늘 자신과 함께 하므로 묻는 즉시 신랄하게 자신의 결점을 지적해 줄 것이다. 물론 본인은 그러한 이야기를 있는 그대로 받아들이기 힘들지도 모른다. 그러므로 겸허한 마음가짐으로 그들의 의견을 수렴해야 한다.

어떤 사람들은 "결점도 개성이다. 결점이 없는 사람은 매력이 없다"라고 말한다. 그러나 나는 '자기 무결점 운동'을 적극적으로 펼치라고 조언하고 싶다.

'자기 무결점 운동'의 목표는 어디까지나 직무 수행 능력에서의 결점을 없애는 것이므로 인간적인 결함을 왈가왈부하는 것은 아니다. 또한 아무리 노력을 해도 결점을 완전히 없앨 수는 없다.

마지막으로 다시 한 번 강조한다.

"과거와 타인은 바꿀 수 없다. 다만 미래와 자신은 바꿀 수 있다."

이제 좋은 습관으로 자신의 미래를 바꿔보라.